Públio Virgílio Marão

BUCÓ LICAS

TRADUÇÃO E ENSAIO
Raimundo Carvalho

autêntica C|L|Á|S|S|I|C|A

Copyright da tradução © 2024 Raimundo Carvalho
Copyright desta edição © 2024 Autêntica Editora

Todos os direitos reservados pela Autêntica Editora Ltda. Nenhuma parte desta publicação poderá ser reproduzida, seja por meios mecânicos, eletrônicos, seja via cópia xerográfica, sem a autorização prévia da Editora.

Título original: *Bucolica*

COORDENADOR DA COLEÇÃO CLÁSSICA
Márcio Meirelles Gouvêa Júnior

EDITORAS RESPONSÁVEIS
Rejane Dias
Cecília Martins

REVISÃO
Daniel Gomes Bretas
Lúcia Assumpção

PROJETO GRÁFICO
Diogo Droschi

DIAGRAMAÇÃO
Guilherme Fagundes

Dados Internacionais de Catalogação na Publicação (CIP)
(Câmara Brasileira do Livro, SP, Brasil)

Marão, Públio Virgílio
  Bucólicas / Públio Virgílio Marão ; tradução e ensaio Raimundo Carvalho. -- 1. ed. -- Belo Horizonte, MG : Autêntica Editora, 2024. -- (Coleção Clássica)

  Título original: Bucolica.
  ISBN 978-85-513-0367-2

  1. Poesia épica 2. Poesia latina I. Título II. Série.

24-211016   CDD-873

Índices para catálogo sistemático:
1. Poesia épica : Literatura latina 873
Aline Graziele Benitez - Bibliotecária - CRB-1/3129

Belo Horizonte
Rua Carlos Turner, 420
Silveira . 31140-520
Belo Horizonte . MG
Tel.: (55 31) 3465 4500

São Paulo
Av. Paulista, 2.073, Conjunto Nacional
Horsa I . Salas 404-406 . Bela Vista
01311-940 . São Paulo . SP
Tel.: (55 11) 3034 4468

www.grupoautentica.com.br
SAC: atendimentoleitor@grupoautentica.com.br

A coleção Clássica

A coleção Clássica tem como objetivo publicar textos de literatura – em prosa e verso – e ensaios que, pela qualidade da escrita, aliada à importância do conteúdo, tornaram-se referência para determinado tema ou época. Assim, o conhecimento desses textos é considerado essencial para a compreensão de um momento da história e, ao mesmo tempo, a leitura é garantia de prazer. O leitor fica em dúvida se lê (ou relê) o livro porque precisa ou se precisa porque ele é prazeroso. Ou seja, o texto tornou-se "clássico".

Vários textos "clássicos" são conhecidos como uma referência, mas o acesso a eles nem sempre é fácil, pois muitos estão com suas edições esgotadas ou são inéditos no Brasil. Alguns desses textos comporão esta coleção da Autêntica Editora: livros gregos e latinos, mas também textos escritos em português, castelhano, francês, alemão, inglês e outros idiomas.

As novas traduções da coleção Clássica – assim como introduções, notas e comentários – são encomendadas a especialistas no autor ou no tema do livro. Algumas traduções antigas, de qualidade notável, serão reeditadas, com aparato crítico atual. No caso de traduções em verso, a maior parte dos textos será publicada em versão bilíngue, o original espelhado com a tradução.

Não se trata de edições "acadêmicas", embora vários de nossos colaboradores sejam professores universitários. Os livros são destinados aos leitores atentos – aqueles que sabem que a fruição de um texto demanda prazeroso esforço –, que desejam ou precisam de um texto clássico em edição acessível, bem cuidada, confiável.

Nosso propósito é publicar livros dedicados ao "desocupado leitor". Não aquele que nada faz (esse nada realiza), mas ao que, em meio a mil projetos de vida, sente a necessidade de buscar o ócio produtivo ou a produção ociosa que é a leitura, o diálogo infinito.

Oséias Silas Ferraz

15 Apresentação

BUCÓLICAS

25 **Bucólica I**

29 **Bucólica II**

32 **Bucólica III**

38 **Bucólica IV**

41 **Bucólica V**

45 **Bucólica VI**

48 **Bucólica VII**

52 **Bucólica VIII**

57 **Bucólica IX**

61 **Bucólica X**

65 Glossário

77 *Bucólicas* de Virgílio:
uma constelação de traduções

209 Referências

217 Sobre o tradutor

Apresentação

À memória de
Ivan Luís B. Mota, eterna presença.

As *Bucólicas* compõem um delicado umbral que permite o acesso ao mundo mágico e complexo criado por Virgílio, imantado pela presença do mito e dos pastores-poetas, partindo de uma visão serena da realidade, mas, nem por isso, menos comprometida com os dramas e percalços do homem comum. A tradução que ora apresento quer fazer vibrar, outra vez, para os leitores de hoje "a força cantante", na expressão de Valéry, dos poemas virgilianos. O ensaio que lhes segue tem o intuito tão só de partilhar com o leitor um pouco das alegrias e agruras do ato de traduzi-los.

Públio Virgílio Maro nasceu nos arredores de Mântua, às margens do rio Míncio, na Gália Cisalpina, no dia 15 de outubro do ano 70 (ou 71) a.C. Filho de proprietários rurais, Virgílio estudou gramática em Cremona, onde recebeu a toga viril, aos 15 anos. Transferiu-se para Milão e depois para Roma, onde aprendeu retórica, tendo por colegas Marco Antônio e Otaviano. Dizem os seus biógrafos que, em virtude de sua excessiva timidez, desviou-se da magistratura para dedicar-se à filosofia epicurista, que aprofundou em Nápoles, na escola de Siron.

Depois da morte de Júlio César, passa a residir em Roma e publica as *Bucólicas* (escritas entre 42 e 39 a.C.) e entra para o círculo literário de Mecenas. Incentivado por este, compõe, entre 37 e 30 a.C., as *Geórgicas*, com as quais obtém fama e os recursos necessários para se dedicar à composição do seu longo poema épico, a *Eneida*, sob os auspícios de Otaviano, agora Imperador Augusto.

No ano 19 a.C., empreende uma longa viagem de estudos à Grécia e à Ásia, com a finalidade de conhecer o cenário natural de boa da parte das ações descritas na *Eneida*, mas, em virtude de sua saúde precária, é instado pelo Imperador a retornar, quando este o encontra em Atenas. Reconduzido pelo Imperador e sua armada, desembarca no dia 21 de setembro do ano 19 a.C. em Brindisi para aí morrer.

De acordo com testemunhos da tradição, Virgílio, antes de partir para a Grécia, teria confiado o manuscrito inacabado da *Eneida* ao seu amigo Vário, para que ele o queimasse, caso uma fatalidade lhe sucedesse. Em seu leito de morte, suplicou que fosse cumprida a sua vontade, mas o Imperador não permitiu e confiou a Vário e Tuca a publicação do livro sem alteração alguma, mantendo mesmo os versos inconclusos.

Seu corpo foi levado a Nápoles e lá se encontra sepultado numa gruta até hoje conservada e visitada. Segundo, ainda, seus biógrafos, compôs ele próprio o seguinte epitáfio:

Mantua me genuit, Calabri rapuere, tenet nunc
Parthenope: cecini pascua, rura, duces.

[Mântua gerou-me, Cálabres raptaram-me, tem-me agora
Parténope: cantei pastos, campos e comandantes.]

As três palavras finais do dístico são uma referência
direta a cada uma das três obras canônicas do poeta. De
origem campesina, Virgílio soube como nenhum outro
aliar os valores autóctones da cultura romana às inovações
introduzidas pelo contato com a cultura grega. Herdeiro
literário de Catulo e Lucrécio, Virgílio privou da intimi-
dade de Horácio, que a ele se referiu, na ode I, 3, em que
pede o retorno feliz do amigo, como *animae dimidium
meae* (metade de minha alma).

Após a morte, a fama de Virgílio só cresceu. As mui-
tas biografias atestam que esta fama derivou muitas vezes
para o culto. Virgílio transformou-se em mago e protetor
de parturientes, e a *Eneida* serviu de oráculo na resolução
de problemas diversos. A quarta bucólica foi lida pelos
santos Padres como uma profecia pagã da vinda de Cristo,
e Dante, na *Divina Comédia*, toma-o como guia em sua
viagem ao Inferno e ao Purgatório. Robert Ernest Curtius,
em seu monumental *Cultura europeia e Idade Média latina*,
afirmou que faltaria uma chave para a compreensão da
tradição europeia àquele que não soubesse de cor os cinco
versos iniciais da primeira bucólica, poema com que se co-
meçava, no tempo de Goethe, o estudo da literatura latina.

Referência central no mundo antigo, a obra de Virgílio
tem sido objeto de admiração e imitação por parte de gran-
des escritores de todos os tempos. Atendo-me às *Bucólicas*,
basta pensar na Arcádia, nome de uma remota e agreste
região da Grécia que Virgílio habitou de pastores, deuses,
ninfas e sátiros, dando ao termo o sentido de uma paisa-
gem ideal e simbólica e influenciando gerações de poetas

como Ronsard, Petrarca, Tasso, Garcilaso de la Vega, John Milton, Camões e Tomás Antônio Gonzaga, dentre tantos outros. Apenas as *Bucólicas* já seriam suficientes para enquadrar Virgílio na categoria de inventor, não fosse ele o autor de outras duas obras magistrais. Além de um criador de formas e gêneros novos, Virgílio é também uma espécie de pai fundador. Seus poemas contêm uma síntese cultural do passado e se projetam em direção ao futuro. Muito da grandeza do Império Romano teve origem na prodigiosa imaginação do poeta que soube como poucos dialogar com os seus leitores, propondo-lhes um modelo elevado de ação, a partir dos valores mais puros da vida campestre.

Raimundo Carvalho

BUCÓLICAS

I

Melibeu:
Títiro, tu, sentado embaixo da ampla faia,
tocas na tênue flauta uma canção silvestre;
nós deixamos a pátria e estas doces pastagens;
nós fugimos, e tu, tranquilo à sombra, Títiro,
levas selva a ecoar Amarílis formosa.   5

Títiro:
Ó Melibeu, um deus, a nós, este ócio fez:
Ele sempre será meu deus; que o altar dele,
tenra ovelha de nosso aprisco sempre embeba.
Bem vês, ele deixou meu rebanho pastar
e eu tocar o que bem quiser em flauta agreste.   10

Melibeu:
Não te invejo, porém, me espanto: em toda parte,
o campo é perturbado! Eu mesmo as minhas cabras
triste tanjo; esta, a custo, ó Títiro, conduzo:
ainda agora, sob densa aveleira, gêmeos,
esperança da grei, pariu na pedra nua.   15
Há muito, um infortúnio assim, se bem me lembro,
carvalhos, pelo céu fulminados, previram.
Mas seja tal deus quem for, dize-me, então, Títiro.

Títiro:
A cidade de Roma, ó Melibeu, julguei,

estulto, igual a esta, onde nós costumávamos,   20
pastores, apartar de ovelhas os filhotes.
Tal o cão o cãozinho e qual cabra o cabrito
achava; ao grande opor o menor, costumava.
Esta cidade ergueu a cabeça entre as outras
como os ciprestes entre os viburnos flexíveis.   25

Melibeu:
E qual foi a razão que te levou a Roma?

Títiro:
Liberdade que tarde, então, me viu inerte,
quando, cortando, branca a barba me caía;
viu-me, então, e, depois de um longo tempo, veio,
dês que Amarílis amo e se foi Galateia.   30
Enquanto Galateia era minha, confesso,
nada de liberdade e nada de pecúlio.
Embora em meus currais criasse muitas vítimas,
grassos queijos levasse à ingrata cidade,
nunca voltava à casa a mão cheia de cobre.   35

Melibeu:
Amarílis, te vi, triste, a chamar os deuses,
Deixando-lhes alguns pomos em cada planta:
Títiro estava longe. Até pinheiros, Títiro,
até fontes, até arbustos te chamavam.

Títiro:
Que fazer? Nem fugir da servidão podia,   40
Nem conhecer lá longe os deuses tão propícios.
Lá vi o jovem para o qual todos os anos
nosso altar, Melibeu, fumega doze dias.

Lá ele respondeu-me o pedido, primeiro:
"Como antes, tangei bois, touros jungi, rapazes".   45

Melibeu:
Velho de sorte, pois manterás os teus campos!
E são de bom tamanho, embora pedra e pântano
de junco e limo toda a pastagem obstruam;
as fêmeas prenhes não provarão pasto alheio,
e jamais sofrerão contágio de outro gado.   50
Velho de sorte, aqui, entre rios famosos,
fontes sacras, terás o frescor de uma sombra.
De um lado, dos confins vizinhos, sempre a sebe,
ao sugarem salgueiro as abelhas do Hibla,
saiba ao sono levar-te em um leve sussurro;   55
de outro, em penedo cante ao vento o podador;
jamais hão de calar o gemido no olmeiro
as roucas pombas, teus amores, nem a rola.

Títiro:
Antes, cervos no céu céleres pastarão,
e vagas deixarão peixe à vista na praia;   60
antes, distantes, cada um banido da pátria,
beberá no Árar parta ou germano no Tigre,
até que em nosso peito aquele deus se apague.

Melibeu:
Mas partiremos, uns para a árida África
ou a Cítia, através das torrentes do Oaxe,   65
outros até os bretões isolados do mundo.
Algum dia, depois de longo tempo, a pátria
e meu pobre casebre entre a relva revendo,
com espanto verei no meu reino uma espiga?

Um ímpio militar possuirá estas glebas?   70
Um bárbaro a seara? Onde a guerra lançou
míseros cidadãos! Para outros semeamos!
Enxerta, Melibeu, a pera, apara as vides!
Ide, gado feliz outrora, ide, cabritas:
depois não vos verei, deitado em verde gruta,   75
longe, pendidas sobre um rochedo entre sarças;
eu não cantarei mais, nem guiando-vos, cabritas,
comereis o codesso e os salgueiros amargos.

Títiro:
Podes ficar, contudo, esta noite comigo
sobre o verde capim. Temos frutos macios,   80
castanha bem madura e queijo em abundância;
já fumegam ao longe as chaminés das casas,
e tombam da montanha umas tamanhas sombras.

II

Córidon, um pastor, pelo formoso Aléxis,
delícias do seu dono, em desespero ardia-se.
A um denso faial, de vértices sombrios,
vinha assíduo; aí, só, às selvas e montes
lançava, num esforço inane, estes delírios: 5
"Não escutas, cruel Aléxis, os meus cantos?
Nem tens pena de mim? me forças a morrer.
Agora o gado goza o frescor de uma sombra;
agora o espinhal verde lagarto oculta,
e Téstiles prepara, aos ceifeiros exaustos   10
pelo estio voraz, alho e serpilho olentes.
Mas, enquanto persigo o teu rastro, cigarras
roucas, sob sol ardente, em arbustos ressoam.
Melhor não era, ira amara de Amarílis,
seu soberbo desdém, sofrer? Ou de Menalcas,   15
embora ele seja um negro, e tu tão branco?
Ó formoso rapaz, não fies tanto em cor!
Alfena branca jaz, negro jacinto colhe-se.
Não perguntas quem sou, ignorando-me, Aléxis,
nem o quanto sou rico em gado e níveo leite.   20
Mil crias minhas vão por montes da Sicília;
não me falta, no inverno ou verão, leite fresco.
Canto o que, ao guiar o seu gado, cantava
Anfion, o dirceu, em ático Aracinto.
Nem sou tão feio assim: há pouco me vi n'água,   25

quando o mar era calmo; até Dáfnis não temo,
tendo-te por juiz, se não mente a imagem.
Ah! Se só te aprouvesse estes meus pobres campos
e uma cabana humilde habitar, caçar cervos
e os cabritos guiar rumo ao hibisco verde!   30
Em par cantando, Pã na selva imitaríamos.
Pã, primeiro, colar vários caules com cera
ensinou. Cuida Pã de ovelhas e pastores.
Não lamentes ferir o teu lábio na flauta.
Para isto saber, que não faria Amintas?   35
A minha flauta tem sete tubos distintos;
pois outrora este dom Dametas me ofertou,
declarando, ao morrer: 'És o meu sucessor'.
Dametas disse; o tolo Amintas invejou-me.
E mais, em vale incerto achei dois cabritinhos,   40
pelo ainda malhado e secando dois ubres
por dia, cada um: para ti os conservo.
Téstiles, desde algum tempo insiste em levá-los,
e o fará, já que meus presentes não te aprazem.
Vem, formoso rapaz: para ti Ninfas trazem   45
muito lírio em buquês, para ti branca Náiade,
pálida violeta e alta papoula alçando,
junta o narciso e a flor do aneto bem olente:
e trançando o alecrim e outras ervas suaves,
orna de cravo flavo o macio jacinto.   50
Frutos alvos terás, de lanugem bem tenra,
castanha e noz, que a minha Amarílis amava.
Ameixas juntarei, das pretas, em destaque,
mas também a vós, mirto e louro, colherei,
pois, dispostos assim, tereis odor suave.   55
Aléxis não quer teus dons, ó Córidon rústico,
nem Iolas cederá, mesmo se deres muitos.

Ai, infeliz, o que fiz? Sobre as flores o Austro
e em fontes javalis, perdido, eu impeli.
De quem foges, demente? Habitam selvas deuses   60
e Páris, o dardânio. Entre muralhas Palas
mora; porém, a mim, só as selvas aprazem.
Torva leoa segue o lobo; o lobo, a cabra;
lasciva cabra, a flor do codesso; a ti, Córidon:
a cada qual atrai seu próprio gozo, Aléxis.   65
Vê, os novilhos vão com arados suspensos,
e o pôr do sol duplica as já crescidas sombras;
mas me queima o amor: do amor qual a medida?
Córidon, que demência apossou de ti, Córidon?
Manténs a vide mal podada em olmo alto.   70
Por que não te propões a fazer algo útil,
trançando com o vime e o junco maleável?
Se este te repele, acharás outro Aléxis".

III

Menalcas:
De quem – de Melibeu? – é o gado, Dametas?

Dametas:
Não, é de Égon. Deixou-o ainda agora, Égon.

Menalcas:
Ó rebanho infeliz! Enquanto com Neera
se folga e teme ela a ele preferir-me,
duas vezes por hora, um outro ordenha ovelhas,   5
sugando ao gado o sumo, aos cordeiros o leite.

Dametas:
Não reproves assim um homem, vai com calma.
Bem sabemos nós quem te... sob olhar dos bodes,
em um nicho sagrado (as Ninfas riram fáceis).

Menalcas:
Quando me viram, creio, os arbustos de Mícon   10
com foice má cortando, e as videiras em flor.

Dametas:
Quando, de Dáfnis, entre as velhas faias, arco
e flecha tu quebraste; ó perverso Menalcas,
adoecerias, vendo-os ao rapaz doados,
e morrerias, caso um mal não lhe causasses.   15

Menalcas:
Os donos que farão, se audaz for o ladrão?
Bandido, não te vi roubar o bode a Dámon
com armadilha, enquanto a Licisca ladrava?
E como eu gritasse: "Aonde ele anda agora?
Títiro, guarda o gado", em tabual sumias.   20

Dametas:
Vencido, não devia o tal me devolver
o bode que ganhei tocando bem a flauta?
Pois o bode era meu, saibas; e o próprio Dámon
admitiu para mim, mas se negava a dá-lo.

Menalcas:
Venceste-o? Já tiveste uma flauta colada   25
com cera? Não é teu costume massacrar
um pífio som, no trevo, em estridente pífaro?

Dametas:
Queres que cada um prove alternadamente
do que é capaz? Aposto a vitela (recusas?
duas vezes dá leite, aleita dois bezerros):   30
dize com que penhor competirás comigo.

Menalcas:
Eu não ouso apostar contigo gado algum:
pois tenho em casa pai e uma madrasta injusta;
contam-no todo dia, e as cabras, duas vezes.
Mas, o que mesmo tu dirás ser valioso   35
(a insânia te apraz), apostarei os copos
que o divo Alcimedonte em faia cinzelou;
superposta por torno hábil, flébil videira

cobre de branca hera os cachos espalhados.
No meio há dois perfis, Cônon... Quem foi o outro   40
cujo compasso fez o ciclo para o homem,
o tempo de colher, o tempo de plantar?
Neles ainda não pus os lábios, mas guardo-os.

Dametas:
Dois copos também fez pra mim Alcimedonte,
envolvendo com leve acanto as suas asas;   45
no meio pôs Orfeu e as selvas o seguindo.
Neles ainda não pus os lábios, mas guardo-os.
Se miras a vitela, então não louve os copos.

Menalcas:
Hoje não fugirás, onde chamares, vou.
Não nos ouça senão Palêmon que aí vem.   50
Depois, provocarás mais ninguém com a voz.

Dametas:
Canta então, se tens algo: eu não me tardo mais,
nem fujo de ninguém; ó amigo Palêmon,
presta bem atenção (não é coisa pequena).

Palêmon:
Sentados sobre a grama agradável, cantai.   55
Agora todo o campo e toda a selva afloram,
floresce a estação mais formosa do ano.
Ó Dametas, começa; após, segue, Menalcas.
Alternando, cantai: encantai as Camenas.

Dametas:
Por Júpiter começo, ó Musas: tudo é Júpiter;   60
ele cultiva a terra e dos meus cantos cuida.

Menalcas:
Febo me ama e vão sempre junto a mim, Febo,
seus dons, louro e jacinto em tons rubros suaves.

Dametas:
Lança-me uma maçã, Galateia lasciva,
e, querendo ser vista, até os salgueiros vai.   65

Menalcas:
Amintas, fogo meu, já se oferece a mim,
e até meus cães já não reconhecem mais Délia.

Dametas:
Minha Vênus terá presentes: pois já vi,
eu também, o lugar onde as pombas se aninham.

Menalcas:
Mandei ao meu rapaz: de uma árvore silvestre,   70
dez maçãs cor de ouro: amanhã vão mais dez.

Dametas:
Oh quanto me falou Galateia e que coisas!
Levai, ventos, um pouco ao ouvido dos deuses!

Menalcas:
De que adianta não me odiares, Amintas,
se caças javalis, e eu só conservo as redes?   75

Dametas:
É meu aniversário, Iolas; me dá Fílis:
vem tu mesmo comer vitela na colheita.

Menalcas:
Fílis amo demais: chorou quando me fui,
e disse um longo "adeus, adeus, formoso Iolas".

Dametas:
Triste o lobo ao curral, à safra o temporal,   80
à árvore o vento, a mim a ira de Amarílis.

Menalcas:
É doce ao solo a chuva, o medronho ao cabrito,
salgueiro à cabra prenhe, a mim somente Amintas.

Dametas:
E Pólio nossa Musa ama, ainda que rústica:
Pascei uma vitela ao vosso leitor, Piérides.   85

Menalcas:
Pólio também inova o verso: pascei touro,
cujas patas areia espalhem, chifre em riste.

Dametas:
Venha aonde te apraz vir, quem te ama, Pólio;
flua-lhe mel, fecunde amomo a sarça áspera.

Menalcas:
Quem Bávio não odeia, ame teus versos, Mévio,   90
e que atrele raposa e ordenhe seus bodes.

Dametas:
Vós que flor recolheis e morangos rasteiros,
Rapazes, fugi: mato esconde fria áspide.

Menalcas:
Evitai ir táo longe, ovelhas, pois em margens
náo se crê: um carneiro ainda enxuga o velo.   95

Dametas:
Ó Títiro, retira as cabras do riacho;
eu mesmo, no seu tempo, as lavarei na fonte.

Menalcas:
Leva o gado, rapaz; se o sol coalhar o leite,
náo adianta premer as tetas com as palmas.

Dametas:
Ah! meu touro emagrece apesar de bom pasto!   100
O amor é perdiçáo do gado e do pastor.

Menalcas:
Náo foi amor que fez destes só pele e ossos;
alguém enfeitiçou os meus tenros cordeiros.

Dametas:
Dize onde, e para mim serás o grande Apolo,
o céu náo se abre mais além do que três braças.   105

Menalcas:
Dize onde nasce flor que tem nome de reis
em pétalas grafado, e Fílis será tua.

Palêmon:
Náo me cabe dispor sobre uma tal contenda.
Sois dignos da vitela, e também quem amores
doces tema ou quem prove amaros. Ó rapazes,   110
prendei o arroio já; beberam muito os prados.

IV

Ó Musas da Sicília, algo maior cantemos;
nem todo mundo ama humildes tamarindos;
cantemos selvas sim, selvas dignas de um cônsul.
Eis a última era anunciada em Cumas;
Nasce agora uma grande ordem de novos séculos.   5
Já a Virgem retorna, e o reino de Saturno;
já nova geração vem vindo do alto céu.
E do menino, sob o qual, raça de ferro
sumindo, surgirá uma de ouro no mundo,
casta Lucina, cuida: o teu Apolo reina.   10
Sendo cônsul virá um tempo glorioso,
grandes meses virão, Pólio, sob teu poder.
Se resta ainda algum traço de nossos crimes,
extinto, livrará, do eterno medo, a terra.
Terá vida de deus, heróis perto dos deuses   15
ele próprio verá, será visto entre eles
e herdará de seus pais um mundo só de paz.
Primeiro, a ti, menino, estes dons sem cultivo
a terra ofertará: hera errante com nardo
e inhame entrelaçado ao acanto ridente.   20
Cabras virão, por si, com as tetas repletas
e o gado temerá jamais grandes leões;
com brandas flores teu próprio berço farás.
Morrerá a serpente e erva venenosa
morrerá; nascerá em tudo amomo assírio.   25

Assim, quando o louvor de heróis e de teu pai
puderes ler, sabendo o que seja a virtude,
espigas novas hão de dourar a campina
e a uva penderá rubra do espinho inculto
e o tão duro carvalho orvalho-mel dará.   30
Uns traços ficarão, porém, da antiga falta,
que, a tentar com as naus Tétis, cingir de muros
cidades ou sulcar o solo ordenarão.
Tífis outro haverá e outra Argo trazendo
os seletos heróis; outras guerras farão   35
e a Troia outra vez irá o grande Aquiles.
Quando o tempo fizer de ti um homem firme,
marujos não irão ao mar, nem nau de pinho
fará comércio; tudo há de brotar da terra.
Não temerá rastelo a terra ou foice a vinha;   40
nem o lavrador forte atrelará os touros;
a lã não fingirá ter cores variadas,
mas no prado carneiro o velo tingirá
de múrice purpúreo e amarelo açafrão;
vermelho vestirão as ovelhas pastando.   45
"Ó séculos, correi!" Revolveram seus fusos,
as Parcas, com o fado imutável, concordes.
Assume (já é tempo) a tua alta missão,
ó semente divina, alta estirpe de Júpiter!
Vê: o mundo vacilante em convexa matéria,   50
a terra, a extensão do mar e o céu profundo;
tudo se alegra, vê, com o vindouro século.
Oh! que mais se prolongue a minha vida longa
com tanto alento para eu cantar os teus feitos.
Jamais me vencerão nos versos trácio Orfeu,   55
nem Lino, mesmo mãe e pai os assistindo,
Calíope a Orfeu, formoso Apolo a Lino.

Pá, também, se tentasse, a Arcádia julgando,
Pá, também perderia, a Arcádia julgando.
Vem, menino, conhece a mãe pelo sorriso   60
(nove meses de enfado a tua mãe sofreu);
vem, menino: aquele a quem os pais não riram,
de deus não mereceu mesa, ou leito de deusa.

V

Menalcas:
Por que não, Mopso, já que ambos somos bons,
tu, soprando na flauta, e eu, falando versos,
nos sentamos aqui entre aveleira e olmos?

Mopso:
És mais velho, convém que te siga, Menalcas,
quer sob incerta sombra ao sabor desses Zéfiros,   5
quer entremos na gruta antes. Observa a gruta,
onde a vide silvestre os cachos salpicou.

Menalcas:
Nestes montes, somente Amintas te combate.

Mopso:
Quê! Se o tal quer vencer até Febo, cantando.

Menalcas:
Começa, Mopso, quer pelo fogo de Fílis   10
ou louvor de Álcon, quer pela censura a Codro;
começa; guiará o gado ao pasto, Títiro.

Mopso:
Os versos que gravei há pouco em verde faia,
cantando e escrevendo ao mesmo tempo, antes
ensaiarei: depois, podes chamar Amintas.   15

Menalcas:
Débil salgueiro cede à pálida oliveira,
valeriana humilde à roseira purpúrea,
assim também, a ti cede Amintas, eu penso.
Deixa o resto, rapaz, adentremos a gruta.

Mopso:
Morto Dáfnis, cruel fim as Ninfas choravam   20
(vós, rios e avelãs, vistes a dor das Ninfas),
quando, ao corpo do filho infeliz abraçada,
a mãe chama cruéis deuses e também astros.
Nesses dias ninguém conduziu o rebanho,
Dáfnis, à fresca fonte, e nem mesmo nas águas   25
quadrúpede tocou, nem nas folhas da relva.
Dáfnis, até leões de Cartago choraram
a tua morte, assim dizem montes e selvas.
Dáfnis, atar ao carro os tigres lá da Armênia,
nos ensinou, dançar os tíasos de Baco,   30
moles tirsos tecer com frágeis folhas, Dáfnis.
Tal como a uva orna a vide, a vide, a árvore,
os touros, a manada e as searas, a terra,
és ornato dos teus. Ao levarem-te os fados,
até Pales deixou o campo, até Apolo.   35
Nos sulcos, onde sempre a cevada plantamos,
aveia brava e joio estéril já nasceram;
em vez de violeta e purpúreo narciso,
cardos e paliúro, espinho agudo, apontam.
Lançai folhas ao chão, e dai sombras às fontes,   40
pastores (Dáfnis manda isto ser feito assim),
um túmulo fazei-lhe e gravai estes versos:

EU, DÁFNIS, FUI FAMOSO EM SELVAS E NOS CÉUS;
E DE UM FORMOSO GADO O GUARDA MAIS FORMOSO.

Menalcas:
Teu canto é para mim, ó divino poeta,   45
como o sono na relva ao exausto, ou no estio,
a sede saciar na doce água do rio.
Equiparas na voz, como na flauta, ao mestre;
rapaz de sorte, agora és o seu sucessor.
Por minha vez, porém, meus versos, de algum modo,   50
te direi e alçarei teu Dáfnis até os céus;
Dáfnis porei nos céus: também amou-me Dáfnis.

Mopso:
Acaso algo melhor existe para mim?
O próprio rapaz foi digno de ser cantado,
e teus versos são bons, disse uma vez Estímacon.   55

Menalcas:
Admira, radiante, o limiar do Olimpo
e nuvens e astros vê Dáfnis sob os seus pés.
Uma alegre volúpia em campinas e selvas
apossou-se de Pã, de pastores e Dríades.
Nem o lobo tocaia o gado ou redes cervos   60
almejam: ama a paz o benéfico Dáfnis.
Aos céus sobem a voz, com alegria, os montes
intocados, até as grutas e os arbustos
entoam: "Ele é deus, o nosso deus, Menalcas!"
Oh, sê propício aos teus! Eis quatro altares: são,   65
Dáfnis, dois para ti; dois mais altos, de Febo.
A cada ano, dois copos de leite fresco
e dois vasos de azeite a ti eu verterei,

e, alegrando o festim com transbordante Baco,
ante o fogo, se frio, à sombra, na colheita,   70
verterei de Ariúsio um vinho, novo néctar.
Cantarão para mim Dametas e Égon líctio;
qual sátiros saltando Alfesibeu fará.
Sempre honrado serás, na invocação solene
às Ninfas todo ano e ao lustrarmos os campos.   75
Enquanto o peixe amar rios, javali montes,
abelha sugar timo e cigarras o orvalho,
teu nome, tua honra e louvor durarão.
Como a Ceres e Baco, a ti, todo ano, votos
lavradores farão: tu mesmo exigirás.   80

Mopso
Que prêmio posso dar-te em troca deste canto?
Se nem o sibilar do Austro que sobrevém,
nem as ondas da praia ou riachos descendo
por vales e montanha aprazem-me assim tanto.

Menalcas:
Primeiro te darei a minha frágil flauta: 85
"Córidon por formoso Aléxis (ensinou-me)
ardia-se" e "De quem – de Melibeu? – o gado?"

Mopso:
Mas toma este bastão, que, mesmo me pedindo,
Antígenes (de amor tão digno), não o obteve;
ele é formoso e os nós são de bronze, Menalcas.   90

VI

Primeira, modulou à Siracusa o verso,
sem rubor de habitar a selva, a minha Tália.
Como eu cantasse reis e refregas, o Cíntio
puxou-me a orelha e disse: "A um pastor convêm
carneiro bem cevado e canto simples, Títiro".   5
Agora (pois terás quem queira celebrar
os teus louvores, Varo, e tuas tristes guerras)
farei na tênue flauta uma toada agreste.
Não canto o que não devo. E, se alguém, com amor,
ler estes versos, Varo, ouvirá tamarindos   10
e o bosque te louvando. A Febo apraz demais
página com o teu nome escrito no alto.
Piérides, prossegui. Mnasilo e Crômis, moços,
avistaram Sileno a dormir numa gruta,
veias pelo licor de Iaco de ontem inchadas;   15
bem longe da cabeça, as coroas jaziam,
e um cântaro pesado alçado pela asa.
Atacando-o (pois verso o velho prometendo,
iludia), então, com as coroas atam-no.
Já Egle sobrevém e a eles se associa.   20
Assim que ele desperta, Egle, Náiade bela,
com a sanguínea amora as têmporas lhe tinge.
Rindo do dolo, diz: "Por que me segurais.
Ó rapazes, soltai-me; assim ser visto basta.
O que quiserdes, canto: uns versos para vós   25

e a ela outra coisa". Assim ele começa.
Faunos e feras, vede, em tal cadência dançam
e balançam a copa os rígidos carvalhos.
Nem tanto alegra Febo as pedras do Parnaso,
nem a Orfeu admira, o Ísmaro ou o Ródope.   30
Ele cantava, pois, como no grande vácuo,
sementes de água e ar, de terra e fogo fluido
se fundiram; daí, originando tudo,
como também a tenra abóbada do mundo;
o solo endureceu, fechou Nereu no mar   35
e aos poucos foi tomando o formato das coisas;
a terra admira um sol novo sempre a brilhar
e chuvas a cair de nuvens muito altas,
enquanto selvas vão surgindo e animais
vagam dispersos sobre esses montes ignotos.   40
Canta as pedras de Pirra, os reinos de Saturno,
roubo de Prometeu e os pássaros do Cáucaso.
Para Hilas, na fonte, o grito dos marujos,
"HILAS, HILAS", evoca, as margens ecoando;
e feliz – se jamais rebanhos frequentasse –   45
Pasífae, com amor de alvo touro se apraz.
Ah! Virgem infeliz, que demência é a tua!
As Prétides em vão mugiram pelos campos,
mas não ousaram tão torpe concubinato,
mesmo temendo o arado em cima do pescoço   50
e vendo chifres sobre as suas testas lisas.
Ah! Virgem infeliz, vagas agora em montes:
ele, com flanco branco em uns brandos jacintos,
sob a negra azinheira, alvas ervas rumina,
ou segue alguma rês. "Barrai, Ninfas, barrai,   55
ó Ninfas do Dicteu, a saída dos bosques,
para que os olhos meus observem pelas vias

o vestígio do boi: pois, quem sabe, talvez,
atraído ao rebanho, ou pela relva verde,
as vacas, aos currais de Gortina, levaram-no."   60
Canta a moça que viu as maçãs das Hespérides;
e circunda as irmãs de Fáeton com amargos
musgos, até surgir do chão alnos altíssimos.
Canta o errante Galo, às margens do Permesso,
levado pela musa até montes da Aônia,   65
todo o coro de Febo erguendo-se e saudando-o;
como Lino, o pastor, versos divinos disse,
fronte ornada de flor e por amargo aipo:
"Toma, as Musas dão estas flautas a ti;
antes o velho Ascreu com elas costumava,   70
cantando, deslocar, dos montes, duros freixos.
Graças a eles fez-se a floresta de Grínio,
bosque sagrado algum agrada tanto a Apolo".
Direi, ou que cantou Cila, filha de Niso,
de cândida virilha e com monstros uivantes,   75
que, de Dulíquio naus quebrando, nos abismos
lançou aos cães do mar os trêmulos marujos;
ou que cantou Tereu com os membros mudados,
nos festins e nos dons que Filomela fez,
e para qual deserto a infeliz fugiu,   80
com que asas voou antes sobre o seu teto?
Tudo, que outrora Febo entoara, e feliz
Eurotas escutou e ensinou aos loureiros,
ele canta (ecoando em vale e nas estrelas),
até que, recolher no estábulo as ovelhas,   85
pediu Vésper, brilhando a despeito do Olimpo.

VII

Melibeu:
Sob sonora azinheira, um dia, sentou Dáfnis,
e Córidon reuniu seu rebanho ao de Tírsis,
Tírsis, ovelhas, já cabras de leite, Córidon,
ambos na flor da idade, ambos poetas árcades,
na arte do canto afins e afiados nas réplicas.   5
Enquanto tenro mirto eu defendo do frio,
debandou-se-me o bode, o macho do rebanho,
vejo Dáfnis. E assim: "Depressa", disse ele,
"vem cá, ó Melibeu, o teu gado está salvo;
e, se podes parar, descansa sob a sombra.   10
Vêm bezerros por si mesmos beber aqui,
onde com tenra cana adorna as verdes margens
o Míncio, e zumbe enxame em sagrado carvalho".
Que fazer? Nem Alcipe ou Fílis poderiam
levar para o curral os cordeiros exúberes,   15
e havia um bom combate entre Tírsis e Córidon.
Contudo, preferi diversão ao trabalho.
Ambos começam, pois, a cantar alternados;
Uma voz cada vez, assim mandam as Musas.
Córidon e, depois, Tírsis versos revezam.   20

Córidon:
Ninfas, amores meus, ó Libétrides, canto
como o de Codro dai-me (igual a Febo, ele

faz versos), mas, se nós já não podemos tanto,
ponho a sonora flauta em um sagrado pinho.

Tírsis:
Pastores, coroai de hera o novo poeta,   25
Árcades, que de inveja estoure o ventre Codro;
mas, se ele me louvar demais, de nardo a fronte
cingi-me, e escape à má língua o futuro vate.

Córidon:
Délia, Mícon pequeno oferta-te a cabeça
de javali cerdoso e uns chifres de cervo.   30
Se isto propício for, do mármore polido,
rubro coturno aos pés, inteira surgirás.

Tírsis:
Bastam a ti, ó Priapo, estes bolos e leite
todo ano aguardar: guardas pobre jardim.
Fizemos-te, por ora, em mármore, porém,   35
se o rebanho aumentar, que sejas tu de ouro.

Córidon:
Mais doce, Galateia, és que o timo do Hibla,
mais formosa que a hera e mais branca que o cisne;
quando o touro tornar dos pastos ao curral,
se te ocupas do teu Córidon, vem, Nerina.   40

Tírsis:
Amargo eu seja mais do que as ervas sardônias,
mais duro que azevinho e mais vil do que a alga,
se o dia não durar mais do que um ano inteiro.
Se vós tendes pudor, voltai dos pastos, reses.

Córidon:

Musgosas fontes, relva, a mais doce que o sono,   45
verde medronho, vós, que nos dais rara sombra,
no solstício, acolhei a grei: já veio o estio
tórrido, brotam já os renovos da vide.

Tírsis:

Aqui tenho lareira e grassas tochas, fogo
sempre, e negros umbrais de constante fuligem;   50
aqui tanto me importa o frio Bóreas, quanto
as ovelhas ao lobo, e as margens aos rios.

Córidon:

Crescem o castanheiro e os zimbros eriçados;
caem frutos ao léu, esparsos sob as árvores;
tudo agora sorri: mas, se o formoso Aléxis   55
destes montes fugisse, os rios secariam.

Tírsis:

Seca-se o solo; o ar ruim arrasa a relva;
Líber nega à colina a sombra da videira;
minha Fílis, ao vir, todo o bosque verdeje,
Júpiter descerá feito uma chuva fértil.   60

Córidon:

Ama o álamo Alcida, Iaco, a sua vide,
Vênus formosa, o mirto, o seu loureiro, Febo;
e Fílis aveleira; enquanto amá-la Fílis,
jamais a vencerá mirto ou louro de Febo.

Tírsis:

Belo o freixo na selva, o pinho no jardim,   65

o álamo no rio, o abeto em montes altos:
se me revires sempre, ó Lícidas formoso,
vencerás freixo em selva e pinho no jardim.

Melibeu:
Disto me lembro, tendo em vão lutado Tírsis.
Desde então, para nós, que Córidon é Córidon. 70

VIII

A canção pastoril de Alfesibeu e Dámon,
cujo duelo fez a rês deixar a relva,
o lince estupefato escutar-lhes os versos,
e até rios mudando o seu curso pararem,
diremos a canção de Alfesibeu e Dámon.   5
Tu, que por mim transpões pedras do grã Timavo
ou percorres a praia em mares da Ilíria,
por acaso eu direi, algum dia, os teus feitos?
Um dia, poderei levar ao mundo inteiro
cantos dignos tão só do coturno de Sófocles?   10
Ó tu, princípio e fim destes versos, aceita-os,
pois a ideia foi tua, e deixa, em tuas têmporas,
a hera entrelaçar-se aos louros da vitória.
Fria, a sombra da noite evadiu-se do céu,
quando o orvalho na relva agrada bem ao gado;   15
com seu bastão de oliva, assim Dámon cantou:
"Nasce, prenunciando um belo dia, ó Lúcifer!
Logrado pelo vil amor da noiva Nisa,
queixo-me aos deuses (vãs testemunhas embora),
nesta hora suprema em que eu estou morrendo.   20

Modula, minha flauta, estes versos do Ménalo.
O Ménalo tem bosque e pinheiros sonoros
sempre; e sempre ele ouve o amor dos pastores,
além de Pã, primeiro a soprar caule inerte.

Modula, minha flauta, estes versos do Ménalo.   25
Nisa foi dada a Mopso: o que espera o amante?
Já grifos se unirão a cavalos, depois
até corças e cães virão juntos à fonte.
Modula, minha flauta, estes versos do Ménalo.
Mopso, outras tochas faze: a tua esposa vem;   30
nozes, marido, esparge: a ti, do Eta, vem Vésper.
Modula, minha flauta, estes versos do Ménalo.
Esposa de homem digno, a todos tu desprezas,
odeias minha flauta e as minhas cabritas,
minha barba crescida e o supercílio hirsuto,   35
e nem crês algum deus haver-se com mortais!

Modula, minha flauta, estes versos do Ménalo.
No pomar eu te vi, pequena, maçãs róridas
colher com tua mãe (eu era o vosso guia);
eu já tinha chegado aos doze anos de idade;   40
já podia pegar do chão os frágeis ramos:
ao ver-te, me perdi; erro fatal fanou-me!

Modula, minha flauta, estes versos do Ménalo.
Eu sei quem é Amor: ele, na dura rocha,
o Ródope ou o Tmaro ou, longe, os garamantes   45
pariram-no, rapaz de um outro sangue e raça.

Modula, minha flauta, estes versos do Ménalo.
Atroz, Amor incita a macular-se a mãe
com o sangue de seus filhos, ó mãe cruel:
mais cruel é a mãe, ou o malvado rapaz?   50
Malvado o tal rapaz; e és tão cruel, ó mãe.

Modula, minha flauta, estes versos do Ménalo.

Fuja o lobo de ovelha; os carvalhos forneçam
maçãs de ouro; floresça o alno com narciso;
exsude o tamarindo um abundante âmbar;   55
cantem coruja e cisne, e Títiro, um Orfeu,
Orfeu nas selvas, seja, entre golfinhos, Árion.

Modula, minha flauta, estes versos do Ménalo.
Muda-se tudo em mar alto. Selvas, adeus:
o abismo saltarei do topo de um rochedo;   60
às ondas; toma o dom extremo de quem morre.
Acaba, minha flauta, estes versos do Ménalo".
Disse Dámon. Mas como Alfesibeu cantou,
Piérides, dizei: nós não podemos tudo.
"Traze água e cinge o altar com fita maleável,   65
queima grassa verbena e um incenso forte,
pois, com um ritual, perverter o juízo
do amado tentarei. Só me faltam encantos.

Encantos meus, trazei da cidade o meu Dáfnis.
Encanto pode até tirar lua do céu,   70
com cantos mudou Circe os parceiros de Ulisses;
cantando arrebentou no prado a fria cobra.

Encantos meus, trazei da cidade o meu Dáfnis.
Primeiro, com os três laços de cores tríplices
te circundo e, em torno ao altar, por três vezes,   75
conduzo tua efígie: ao deus apraz o ímpar.

Encantos meus, trazei da cidade o meu Dáfnis.
Ata, Amarílis, três nós no terno de cores;
e, Amarílis, dize: 'ato os laços de Vênus'.

Encantos meus, trazei da cidade o meu Dáfnis.   80
Como limo endurece e cera liquefaz-se
sob mesmo fogo, assim Dáfnis no meu amor.
Frágil louro em betume acende e esparge o farro.
Dáfnis cruel me queima; e eu louros em Dáfnis.

Encantos meus, trazei da cidade o meu Dáfnis.   85
Tome a Dáfnis o amor, como à rês que, cansada
da busca ao touro em meio a bosques e pastagens,
junto à beira do rio, em verde ulva deita-se,
perdida, nem lembrando o avanço da noite:
que o tome tal amor, não me preocuparei.   90

Encantos meus, trazei da cidade o meu Dáfnis.
O pérfido deixou-me estas coisas, um dia,
como um caro penhor; sob umbral as deponho
em ti, terra; que tal penhor me traga Dáfnis.

Encantos meus trazei da cidade o meu Dáfnis.   95
As plantas com veneno encontradas no Ponto,
o próprio Méris deu-me (o Ponto é cheio delas);
Méris, eu vi, mudar-se em lobo selva adentro,
as almas evocar do fundo dos sepulcros,
transpor de um campo a outro a messe semeada.   100

Encantos meus, trazei da cidade o meu Dáfnis.
Leva, Amarílis, cinza e lance-a no riacho,
para trás da cabeça e sem olhar. A Dáfnis,
de encantos descuidado, atingirei com isto.

Encantos meus, trazei da cidade o meu Dáfnis.   105

Vê: sem querer encheu o altar de chamas trêmulas
a mesma cinza que eu levava. Isto é bom!
Não sei bem quem será, Hílax ladra no umbral.
É verdade? Ou quem ama inventa os próprios sonhos?
Chega de encantos já, vem da cidade Dáfnis."   110

IX

Lícidas:
Aonde, Méris, leva o teu passo? À cidade?

Méris:
Vivemos para ouvir, Lícidas, um intruso
(nunca pensei), senhor de nossos parcos campos,
afirmar: "Isto é meu; migrai, velhos colonos".
Tristes, vencidos, já a sorte tudo inverte,   5
lhe mandamos (que o mal lhe tragam!) uns cabritos.

Lícidas:
Mas, ao invés, ouvi que lá, onde as colinas
começam a descer em suave declive,
até o rio e o faial de copas já fendidas,
Menalcas conservou tudo, graças aos versos.   10

Méris:
Houve sim tal rumor; mas nossos versos valem,
entre os dardos de Marte, ó Lícidas, o quanto,
a águia sobrevindo, as pombas da Caônia.
E se não me mandasse evitar questões novas,
do oco da azinheira, uma gralha sinistra,   15
não viveriam mais nem Méris, nem Menalcas.

Lícidas:

Ah! Cairia em alguém tanto crime? Ah! Quase
nos privaram de teus consolos, ó Menalcas.
Então, quem cantaria as Ninfas e no chão
espalharia flor e em fontes verde sombra?   20
Os versos que colhi, calado, quem faria,
quando tu ias ver a querida Amarílis?
"Títiro, até que eu torne (em breve), pasce as cabras,
e dá-lhes de beber, Títiro, após, levando-as,
cuidado com o bode (ele pode chifrar-te)."   25

Méris:

Ou este que, incompleto, a Varo foi cantado:
"Varo, o renome teu, se Mântua mantivermos,
de Cremona infeliz, ah!, Mântua tão vizinha,
os cisnes cantarão sublime até os astros".

Lícidas:

Que teu enxame evite esses teixos de Cirno,   30
que tua vaca farte as tetas de codesso;
canta, se assunto tens. Fizeram-me poeta,
Piérides; são meus estes versos; me chamam
vate os pastores: eu não sou assim tão crédulo;
pois de Vário ou Cina eu não fiz nada digno,   35
e grasno como ganso entre cisnes canoros.

Méris:

Lícidas, penso nisso, em silêncio remoo,
se me vale a lembrança; e não é vil o canto:
"Vem cá, ó Galateia: em ondas galanteias?
Purpúrea primavera, a terra em flores várias   40

forra a franja do rio; em grutas, alvo álamo
surgiu, e lentas vão vides tecendo sombras.
Vem cá: deixa que a onda insana açoite a praia".

Lícidas:
E aquilo que cantaste a sós na noite clara?
A cadência me vem, se recordo as palavras: 45
"Dáfnis, por que espiar constelações antigas?
Eis, de César Dioneu, o reluzente astro,
astro que traz à messe o júbilo dos frutos
e as uvas vai corando em colinas ao sol.
Dáfnis, planta o peral; netos colham teus pomos".   50

Méris:
Tudo se esvai no tempo, até a mente; dias
longos, cantando, lembro, em criança, passei:
já versos esqueci e até a voz de Méris
foge: os lobos primeiro a Méris lobrigaram.
Mas sempre cantará estes versos Menalcas.   55

Lícidas:
Pois, delongando assim, dilatas meu prazer.
E agora silencia a superfície d'água,
vê, deteve-se o vento uivante para ouvir-te.
No meio do caminho estamos, vê-se o túmulo
de Bianor. Aqui, onde o lavrador corta   60
o denso capim, bem aqui, Méris, cantemos:
prende os cabritos, pois iremos à cidade.
Mas, se temes que noite e chuva nos alcancem,
cantando vamos lá (é mais leve o caminho),
cantando vamos, eu levarei tua carga.   65

Méris:
Não insistas, rapaz; apressemos o passo.
Cantaremos melhor, quando vier Menalcas.

X

Inspira-me, Aretusa, este labor extremo:
a Galo, amigo meu, mas que os leia Licóris,
alguns versos farei: quem nega verso a Galo?
Ao seguires, assim, sob mares da Sicília,
Dóris amara, em ti, as ondas não misture;   5
vai, cantemos o amor obsedante de Galo,
enquanto a cabra rói estas tenras vergônteas.
Não canto para surdo: a selva ecoa tudo.
Em que bosque, em que prado estivestes, meninas
Náiades, quando Galo, em vão, de amor, morria?   10
Nem o cimo do Pindo ou do monte Parnaso
vos reteve, nem mesmo a Aônia Aganipe.
O loureiro chorou-o e também tamarindos;
sob rocha solitária estendido, choraram-no,
pedras do Liceu frio e Ménalo pinífero.   15
Em volta ovelhas vão (elas não nos desdenham,
nem deves desdenhá-las, divino poeta:
mesmo Adônis formoso, em fonte, apascentou-as);
vieram o pastor e, após, alguns porqueiros;
molhado de invernal lande, veio Menalcas.   20
"De onde vem tal amor?", perguntam. Veio Apolo:
"Que insânia, Galo?", diz; "tua cara Licóris,
foi com outro a quartel erguido em meio à neve".
Silvano veio então, com agreste coroa,
as férulas em flor brandindo, e grandes lírios.   25

Pã, deus da Arcádia, veio, e até mesmo o vimos,
ruborizado pelo ébulo e pelo mínio:
"Qual o remédio disso?" inquire. "Amor cruel,
como a grama de rio, abelhas de codesso,
e cabras de capim, não se farta de lágrimas".   30
Triste, Galo falou: "também cantareis, Árcades,
aos vossos montes, sois peritos em cantar,
Árcades. Docemente os meus ossos descansem,
quando tocardes meus amores nesta flauta!
Oh, quem me dera eu fosse um pastor, como vós,   35
ou um vindimador de uvas bem maduras!
E se eu tivesse amado a Fílis ou Amintas,
qualquer outra paixão (quê! Amintas é preto?
As violetas são negras, negro o jacinto),
deitaríamos sob dócil vide e salgueiros: 40
Fílis traria flor e Amintas cantaria.
"Há fonte fria e prado ameno, aqui, Licóris;
passaria contigo os dias neste bosque.
Agora insano amor sob as armas de Marte,
com dardos me detém, em face do inimigo.   45
Tu (pudera eu não crer), tão distante da pátria,
vês, dos Alpes, a neve e a neblina do Reno,
tão sozinha e sem mim. Que isso não te maltrate!
Ah, não fira teus pés tenros o gelo áspero!
Irei cantando, com flauta de pastor sículo,   50
os versos que compus em estilo calcídico.
Eu prefiro sofrer nas selvas entre feras
e na árvore tenra inscrever meus Amores.
Ah, ela crescerá e crescereis, Amores!
Então, percorrerei o Ménalo entre Ninfas,   55
caçarei javalis, jamais me impedirá
a névoa de levar os cães pelo Partênio.

Já me vejo em rochedo e em bosques sonoros;
as flechas de Cidônia, em chifre parta, apraz-me
portar, como remédio a minha vã paixão;   60
que se comova o deus com a dor dos humanos!
Já mesmo os cantos meus e até as Hamadríades
não me agradam; também, vós, ó selvas, sumi.
Com este meu labor, não posso transformá-lo,
mesmo que eu beba, em pleno inverno, o frio Hebro,   65
ou que suporte a neve e as chuvas da Sitônia,
ou mesmo que, morrendo, a seiva do olmo seque,
eu leve sob o céu de Câncer gado etíope.
Amor a tudo vence; a Amor nos curvamos".
Bastará ao poeta, ó deusas, ter cantado,   70
e, sentando, ter feito um cesto em fino hibisco,
Piérides: tornai belo meu verso a Galo,
Galo, a quem meu amor aumenta a cada instante,
quanto, na primavera, o alno verde cresce.
Vamos embora; a sombra é sempre tão nefasta;   75
zimbro, sombra funesta aos frutos e aos cantores.
Fartas cabritas, ide ao curral, Vésper brilha.

Glossário

A

ADÔNIS: amado de Vênus, dedicou-se à vida pastoril. Marte mandou um javali dilacerá-lo. Do seu sangue, Vênus, chorando-o amargamente, fez surgir uma flor de cor avermelhada.

AGANIPE: fonte das musas na Aônia.

ALCIDA: epíteto de Hércules, neto de Alceu, pai de Anfitrião, cuja mulher Alcmena, iludida por Júpiter, concebeu deste o herói semideus.

ALCIMEDONTE: escultor de existência histórica não comprovada.

ÁLCON: arqueiro cretense, amigo de Hércules, famoso por suas flechas certeiras.

AMOR: deus, filho de Vênus e de Marte.

ANFION: rei fundador de Tebas, cuja muralha ergueu com as pedras que espontaneamente se alinhavam, por causa dos acordes melodiosos que ele tirava da lira de Apolo.

ANTÍGENES: nome de pastor.

AÔNIA: nome primitivo da Beócia, onde se situa o monte Hélicon, consagrado às musas.

APOLO: deus da música e da poesia (identificado com o sol), filho de Júpiter e irmão de Diana (a lua). O loureiro era a sua árvore predileta.

AQUILES: herói grego, personagem principal da Ilíada, poema homérico sobre a guerra de Troia.

ARACINTO: monte situado entre a Ática e a Beócia.

ÁRAR: rio da Gália, atual Saône.

ARCÁDIA: região do Peloponeso, cujos habitantes se ocupavam da pastorícia e cultuavam a Pã.

ARETUSA: ninfa, filha de Nereu e Dóris, que, amada por Alfeu, rio da Grécia, fugiu dele, passando com suas águas sob o mar, mas Alfeu a alcançou e misturou as suas águas com as dela na Sicília. Até hoje existe em Siracusa fonte com o nome de Aretusa.

ARGO: nau que conduziu Jasão à Cólquida, em busca do velo de ouro.

ÁRION: poeta e cantor mítico, que, lançado ao mar, foi salvo por golfinhos, por causa de seu canto.

ARIÚSIO: promontório ao norte de Quios, famoso pelos seus vinhos.

ARMÊNIA: famosa pelos seus tigres que, nas festas de Baco, puxavam o carro do deus.

ASCREU: epíteto de Hesíodo, nascido em Ascra, Beócia, poeta grego que serviu de modelo a Virgílio nas suas *Geórgicas*.

AUSTRO: vento Sul.

B

BACO: ou Dioniso, divindade campestre, deus do vinho. O tíaso era uma dança em sua honra e o tirso, um bastão ornado de hera e ramos da videira, empunhado pelo deus como cetro, que as bacantes levavam nas festas dionisíacas.

BÁVIO: poeta inimigo de Virgílio.

BIANOR: legendário fundador de Mântua.

BÓREAS: vento Norte.

C

CALÍOPE: uma das nove musas.

CAMENAS: musas latinas.

CÂNCER: constelação, quarto signo do Zodíaco.

CAÔNIA: região do Epiro.

CALCÍDICO: relativo a Cálcis, isto é, segundo o estilo elegíaco praticado por poetas desta cidade, Eufórion ou Téocles.

CÁUCASO: cordilheira euro-asiática.

CERES: deusa da fertilidade e do trigo.

CÉSAR: Júlio César, general, político, escritor romano. Expandiu as fronteiras do Império Romano, escreveu o relato de suas conquistas no livro *A guerra das Gálias*. Foi assassinado pelos seus opositores, quando acumulava os poderes de ditador e tencionava ser coroado imperador. Foi sucedido por Otaviano que, após vitória nas guerras civis, estabeleceu a paz e foi proclamado Augusto.

CIDÔNIA: cidade da ilha de Creta, célebre por seus arqueiros.

CILA: monstro marinho, que ladeava com Caribdes o estreito de Messina. Era uma moça belíssima que, por artes de Circe, foi metamorfoseada em uma cadela de seis cabeças.

CINA: Gaius Heluius Cina, poeta contemporâneo de Virgílio, pertencente à escola de Calvo e Catulo.

CÍNTIO: epíteto de Apolo, nascido no monte Cíntio, na ilha de Delos.

CIRCE: feiticeira, habitava a ilha de Eeia, onde aportou Ulisses, cujos companheiros ela transformou em porcos, sendo constrangida depois pelo herói a revertê-los ao estado normal.

CIRNO: nome com que os gregos chamavam a Córsega, famosa pelo mel amargo, por causa da abundância de teixos.

CÍTIA: região situada ao norte do mar Negro e do mar Cáspio.

CODRO: poeta contemporâneo de Virgílio.

CÔNON: matemático e astrônomo de Samos (séc. III).

CREMONA: cidade da Gália Cisalpina, tomou o partido de Cássio e Brutus contra Otaviano, nas guerras civis, sofrendo com isso as consequências da derrota na Batalha de Filipos, o confisco das terras em favor do veteranos.

CUMAS: cidade da Campânia, cuja Sibila era célebre por seus oráculos.

D

DÁFNIS: pastor siciliano, filho de Mercúrio e de uma ninfa, e inventor da poesia e da música bucólica.

DARDÂNIO: de Dárdano, antigo rei de Troia; o mesmo que troiano.

DÉLIA: Diana, nascida em Delos, deusa da caça.

DICTEU: monte de Creta.

DIONEU: relativo a Dione, mãe de Vênus, da qual a família de Júlio César dizia descender.

DIRCEU: referente a Dirce, rainha de Tebas, e a uma fonte lá existente; o mesmo que tebano.

DÓRIS: deusa do mar.

DRÍADES: ninfas dos bosques.

DULÍQUIO: ilha próxima a Ítaca, onde também reinou Ulisses, herói da Odisseia, que teve os companheiros mortos por Cila, no episódio evocado em *Buc.* VI, 74-7.

E

EGLE: Náiade, filha de Júpiter.

ESTÍMACON: nome de pastor.

ETA: monte da Tessália.

ETIÓPIA: para os romanos, extremo sul do mundo conhecido.

EUROTAS: rio de Esparta, em cujas margens, Apolo, apaixonado por Jacinto, filho do rei de Esparta, vinha cantar.

F

FÁETON: filho do Sol, cujas irmãs, enquanto choravam a sua morte, foram transformadas em alnos, dos quais saem gotas perpétuas, como se fossem lágrimas.

FAUNOS: divindades campestres, de aparência híbrida, meio humana, mas com chifres e pés de bode. O mesmo que Sátiro.

FEBO: um dos epítetos atribuídos a Apolo; significa luminoso, brilhante.

FILOMELA: cunhada de Tereu, rei da Trácia, que a violou, cortando-lhe a língua após, para que não revelasse o seu crime. Foi transformada em rouxinol.

G

GALO: Gaius Cornelius Gallus, poeta elegíaco, autor de *Amores*, coletânea de quatro livros de elegias amorosas, que se perdeu.

Amigo de César e Augusto, governou o Egito, transformado em província romana. Exilado, suicidou-se em 26 a.C.

GARAMANTE: africano do sul da Numídia.

GORTINA: cidade cretense.

GRÍNIO: filho de Apolo, a quem consagrou um bosque na Jônia ou Ásia Menor.

HAMADRÍADES: ninfas dos bosques, mais exatamente, dos carvalhos.

HEBRO: rio da Trácia.

HESPÉRIDES: filhas de Héspero, irmão de Atalanta. Possuíam um pomar que produzia maçãs de ouro, com as quais Vênus conseguiu distrair Atalanta, que perdeu a corrida para o seu pretendente, Hipômenes.

HIBLA: monte da Sicília.

HILAS: um dos argonautas, amado de Hércules, que cuidou de sua educação. Foi morto pelas ninfas que, apaixonadas, puxaram-no para dentro d'água.

IACO: o mesmo que Baco. Em *Buc.* VI, 15, significa vinho.

ILÍRIA: região da Itália banhada pelo mar Adriático.

ÍSMARO: monte da Trácia.

JÚPITER: divindade central do panteão romano.

L

LÍBER: o mesmo que Baco, deus do vinho.

LIBÉTRIDES: epíteto das musas, relativo a Libetro, gruta do Hélicon.

LICEU: monte da Arcádia.

LICÓRIS: atriz de teatro, liberta do senador Volúmnio, de quem tomou o nome Volúmnia. Foi amante de Marco Antônio, Bruto e de Galo, que abandonou para seguir um oficial de Agripa na Gália.

LÍCTIO: referente a Lictos, na ilha de Creta.

LINO: poeta e músico, filho de Apolo e da musa, Terpsícore.

LÚCIFER: a estrela da manhã, o planeta Vênus.

LUCINA: deusa que presidia os partos, identificada com Diana.

M

MÂNTUA: cidade da Gália Cisalpina, terra natal de Virgílio.

MARTE: deus da guerra.

MÉNALO: monte da Arcádia, consagrado a Pã e às musas, berço da poesia bucólica.

MÉVIO: poeta inimigo de Virgílio.

MÍNCIO: rio da Gália Transpadana, que nasce nos Alpes, banha Mântua e deságua no Pó.

MUSAS: divindades inspiradoras dos poetas, filhas de Júpiter e Memória.

N

NÁIADES: espécie de ninfas dos rios e das fontes.

NEREU: deus do mar, filho de Oceano e Tétis e pai das Nereidas.

NERINA: o mesmo que Nereida, filha de Nereu.

NINFAS: divindades personificadoras das fontes e dos rios.

NISO: rei de Mégara.

O

OAXE: rio localizado, segundo alguns, em Creta; segundo outros, na Cítia.

OLIMPO: morada dos deuses.

ORFEU: músico, poeta e cantor célebre, filho de Calíope, a mais importante das nove musas, e do rei Eagro (ou de Apolo, segundo outras versões). Sua maestria era tanta que, para ouvi-lo, as feras e as árvores o seguiam.

P

PÃ: divindade campestre, inventor mítico da flauta.

PALAS: a deusa Palas Atena, a quem se atribui a fundação de Troia.

PALES: deusa latina dos pastores, dos pastos e dos rebanhos.

PARCAS: divindades que presidiam o destino dos homens. Eram três irmãs: Cloto, que fiava o fio da vida e assistia ao parto; Láquesis, que determinava a sorte e o curso da vida, e Átropos, que cortava o fio e determinava a morte.

PÁRIS: príncipe troiano, filho de Príamo, rei de Troia, raptou Helena, mulher de Menelau. Por causa disso, Troia foi destruída pelos gregos. Partiu dele a lança que atingiu o calcanhar vulnerável de Aquiles.

PARNASO: monte da Fócida, morada de Apolo e das musas.

PARTA: habitante da Pártia, atual Irã.

PARTÊNIO: monte da Arcádia.

PASÍFAE: mulher de Minos, rei de Creta, apaixonou-se por um touro, com o qual teve um filho, o Minotauro, monstro com cabeça de touro e corpo de homem.

PERMESSO: rio da Beócia.

PIÉRIDES: epíteto das musas, assim nomeadas por causa dos montes da Piéria, região da Tessália consagrada a elas.

PINDO: monte situado entre a Tessália e o Epiro.

PIRRA: filha de Epimeteu, escapou com o marido Deucálion, filho de Prometeu, do dilúvio. O oráculo orientou-os a jogar pedras para trás, das quais surgiram uma nova humanidade que repovoou a terra.

PÓLIO: Gaius Asinius Pollio foi governador da Cisalpina e cônsul de Roma. Introduziu Virgílio no Círculo de Mecenas, espécie de ministro da Cultura de Augusto.

PONTO: região da Ásia Menor, reino de Mitrídates, vencido por Pompeu.

PRÉTIDES: filhas de Preto, rei de Argos. Por se julgarem mais belas que Juno, foram acometidas da loucura de se imaginarem novilhas e vagarem pelas campinas.

PRIAPO: filho de Vênus e de Baco, deus dos jardins e da fertilidade, representado com forma itifálica.

PROMETEU: filho de Jápeto, roubou o fogo do céu para dar aos homens. Foi acorrentado no Cáucaso, onde uma águia lhe comia o fígado todos os dias.

R

RENO: rio que separa a Gália da Germânia.
RÓDOPE: monte da Trácia.

S

SATURNO: pai de Júpiter, por quem foi destronado. O seu retorno representa o retorno da Idade de Ouro.
SÍCULO: siciliano.
SILENO: divindade campestre, dotada de grande saber, o qual só revelava sob coação. Era extremamente feio e deformado e estava sempre bêbado. Era representado sob forma itifálica e parcialmente equina. Era, enfim, um sátiro.
SILVANO: divindade parecida com Fauno, amigo dos pastores, dos rebanhos e dos bosques.
SIRACUSA: cidade da Sicília, onde nasceu Téocrito, poeta grego, representante maior da tradição da poesia bucólica e principal referência literária de Virgílio na composição de suas églogas.
SITÔNIA: região da Trácia
SÓFOCLES: célebre dramaturgo grego.

T

TÁLIA: originariamente, musa campestre, depois associada à comédia
TEREU: rei da Trácia, traiu sua mulher Procne com sua cunhada Filomela. Procne se vingou servindo ao marido a carne do próprio filho.
TÉTIS: divindade marinha, o mar.
TÍFIS: piloto da nau Argo que levou Jasão à Cólquida em busca do velo de ouro.
TIMAVO: rio que separa Ístria da Dalmácia.
TMARO: monte do Epiro.

TROIA: florescente cidade da Ásia Menor, destruída pelos gregos, numa guerra que durou dez anos.

U

ULISSES: herói da *Odisseia*, de Homero, teve os companheiros transformados em porcos por Circe.

V

VÁRIO: Lucius Varius Rufus, amigo de Virgílio e reputado poeta épico. Compôs também tragédias. Depois da morte de Virgílio, organizou a edição da Eneida, junto com Tuca, a mando de Augusto.

VARO: Lucius Alfenus Varus, sucessor de Pólio no governo da Gália Cisalpina.

VÊNUS: deusa do amor.

VÉSPER: estrela da tarde.

VIRGEM: Astreia, deusa da justiça.

Z

ZÉFIRO: vento Oeste.

Depois de tão arriscada empresa como a de tentar traduzir um livro destes, fica-se, na verdade, sem ânimo para conversas preliminares. Transitou-se, letra por letra, em redor de tantos mistérios, a tão altas paragens se ascendeu, a tão remotos caminhos se chegou, por lugares tão sem princípio nem fim se andou vagando, que o resumo da ventura seria uma flor de cinza querendo explicar o Paraíso.

Cecília Meireles

Bucólicas de Virgílio:
uma constelação de traduções

La poétique de la traduction, comme pratique théorique,
est une poétique expérimentale.
Henri Meschonnic

Tradução: modo de ser do signo

Não faz parte dos propósitos deste ensaio expor sistematicamente o percurso das abordagens modernas sobre a tradução poética, nem discutir se o texto poético pode ou não ser traduzido, mais ou menos fielmente. Parto do pressuposto de que a tradução é uma arte histórica e culturalmente consolidada. Poderíamos perguntar em que bases esta arte se apoia. Diria que a arte da tradução atende ao desejo de interação mais imediato do homem diante de uma manifestação sígnica qualquer, isto é, o desejo de entendimento de que todos participam na comunicação mais banal e cotidiana. "Aprender a falar é aprender a traduzir; quando a criança pergunta à mãe pelo significado desta ou daquela palavra, o que ela realmente está pedindo é que traduza para sua linguagem o termo desconhecido" (PAZ, 1990, p. 57).

Para Peirce, um signo "é aquilo que, sob certo aspecto ou modo, representa algo para alguém. Dirige-se a alguém, isto é, cria na mente dessa pessoa um signo equivalente, ou talvez um signo mais desenvolvido" (Peirce, 1990, p. 46). Admitindo a teoria de Peirce, Jakobson postula que "o significado de um signo linguístico é sua tradução em um ulterior signo alternativo" (Jakobson, 1977, p. 64). Neste sentido, a tradução é a condição perpétua e inevitável da significação (Steiner, 1995, p. 314). Ultrapassando o dogma da intraduzibilidade do signo poético, Jakobson estabelece os parâmetros de sua transposição criativa para outro sistema linguístico, ao afirmar que na "poesia, as equações verbais são elevadas à categoria de princípio construtivo do texto" e que "a semelhança fonológica é sentida como parentesco semântico" (Jakobson, 1977, p. 72).

Sendo a poesia governada pela paronomásia, ou seja, pela relação entre a unidade fonêmica e unidade semântica, não poderia ser objeto de uma operação tradutora convencional, somente preocupada com a transposição do significado literal das sentenças, mas de uma operação que reencene o drama da poesia, com suas tramas e teias, desde sua textura epidérmica até a sua significação mais profunda. A rigor, a operação tradutora que, fazendo aquilo que Benjamin (1992, p. 9) chama de "transmissão inexata de um conteúdo inessencial", tem como objetivo transpor poemas compostos em outra língua, sem levar em conta a materialidade do signo poético, não deve ser chamada de tradução, uma vez que a tradução poética requer, para se efetivar como um texto autônomo, uma atenção cerrada à forma do original e não se constitui num mero jogo especular, no qual ela, a tradução, não passe de uma imagem invertida e distorcida do original. Também não chega a ser uma tradução criativa, aquela operação em que, após traduzir mais ou menos literalmente um texto, o tradutor procura embelezá-lo segundo as convenções literárias vigentes, incorrendo naquilo que Henri Meschonnic (1980, p. 86) denomina "dominação estetizante".

Neste caso, não existe da parte do tradutor interesse em recriar na língua-alvo a gramática da poesia do original, e sim adequar-se a um padrão previamente estabelecido. Na verdade, este tipo de tradução produz um apagamento das relações formais intrínsecas ao original e um nivelamento dos relevos e dos cortes operados pelo poeta ao atingir a expressividade do texto. Em lugar de também buscar essa expressividade, o tradutor opta por uma maquiagem literária, que não dá conta de apreender o processo de significação da obra.

Retomando os três tipos de tradução, na classificação proposta por Jakobson: tradução intralingual, interlingual e intersemiótica, acrescento que a tradução poética é uma tradução total, englobando os três tipos. A operação realizada pelo tradutor de poesia, embora seja só visível no nível interlingual, é uma operação que se dá no nível intralingual, pois, antes de tudo, o tradutor é um leitor, e também no nível intersemiótico, pois o signo poético se abre para as propriedades plásticas e musicais da palavra. O tradutor deve estar tão atento a estas propriedades quanto esteve o poeta ao criar a obra que está sendo traduzida.

A arte da tradução, portanto, tem sua história, suas obras-primas, seus fracassos monumentais, seus detratores e uma longa tradição de textos que buscam defini-la, norma- tizá-la ou explicá-la sob os mais diversos ângulos linguísticos e semióticos. Trata-se de uma tradição que, no Ocidente, começa com Cícero na Antiguidade e tem seus pontos luminosos no romantismo alemão, até desembocar no consenso contemporâneo em torno do ensaio de Benjamin, "A tarefa do tradutor", matriz de uma infinidade de textos universitários que, bem ou mal, mantêm o assunto na ordem do dia. Mas a arte da tradução vive e se alimenta de si mesma e de sua incessante atividade em torno de seu objeto, o signo poético que, pelas suas características intrínsecas, contém em si o motor que a impulsiona e constitui. Só mesmo o desânimo travestido de temor religioso ou a crença num original, fruto, não de um incansável trabalho, mas de uma relação particular e irrepetível do poeta com deus, poderia sustentar o dogma da intraduzibilidade da poesia.

A relação de necessidade recíproca entre o *som* e a *letra* que perpassa o signo poético, longe de impedir a sua reordenação em outro sistema, permite intuir as leis de seu funcionamento interno que possibilitarão a operação de transmutação em outro objeto que, autônomo, guardará com o original uma relação de parentesco, digamos, uma nobre ascendência, mas viverá, com seus próprios recursos, o seu destino. Contrariando, portanto, opinião de ilustres teóricos e poetas, afirmo que a traduzibilidade do signo poético é algo intrínseco à sua formação e produção, à medida que este deve ser captado não na sua fixidez, mas no seu devir, na sua metamorfose, pois não é portador de nenhum significado unívoco, mas produtor de sentidos múltiplos, em sua interação com as várias instâncias do discurso. O tradutor de poesia participa do "estado de invenção perpétua"(VALÉRY, 1957, p. 85) que caracteriza a poesia.

Contra aqueles que advogam pela intraduzibilidade da poesia, contabilizando as perdas e danos que envolvem a operação tradutora, proponho a traduzibilidade como fundamento mesmo da poesia. Não há poema cujas virtualidades poéticas não possam ser testadas, com êxito maior ou menor, a depender da habilidade do tradutor, na complexa operação de transposição de uma língua à outra. Alinho-me, portanto, na minha prática de tradutor, ao lado daqueles que veem na tradução um gênero autônomo de literatura. Para Valéry "escrever o que quer que seja, do momento em que o ato de escrever exige reflexão, e não é a inscrição maquinal e sem detença de uma palavra interior totalmente espontânea, é um trabalho de tradução exatamente comparável àquele que opera a transmutação de um texto de uma língua em outra" (CAMPOS, 1985, p. 3).

Desta forma, colocando o problema da tradução como inerente ao ato de escrever, esta reflexão aponta para a dimensão crítica da operação tradutora, uma questão central da linguagem. Ao contrário daqueles que advogam a intraduzibilidade da poesia, vejo na tradução de poesia um campo repleto de possibilidades criativas. Um poema não é só um artefato, um objeto acabado. Um poema revela um processo e todo processo pode ser reatualizado. Daí advém uma importante característica do signo poético, a sua traduzibilidade: um processo de semiose contínua e incessante, geradora de novas formas e novos conteúdos. Reconhecer esse processo, flagrar a dinâmica de um texto, é a primeira tarefa do tradutor. Um poema, mesmo em sua própria língua, deve ser sempre traduzido, pois, para sua constante ressignificação, ele precisa ser restaurado em sua latência. Um poema escrito em outra época, dentro de uma modalidade de língua já inusual, dada essa característica de mobilidade, de traduzibilidade, pode ser lido, compreendido e incorporado ao repertório de uma época posterior.

Já Benjamin (1992, p. 15) afirmou que "não seria possível tradução alguma se ela pretendesse, em sua essência, assemelhar-se ao original. Pois em sua pervivência, que não mereceria tal nome se não fosse metamorfose e renovação do que vive, o original se modifica". Assim, para além de mimetizar, a tradução manifesta o caráter de inacabamento do original, cujo processo de criação tende a ser retomado pelo tradutor, pois, revelar o dinamismo da obra é o motor do ato de traduzir uma criação através de uma nova, porém convergente, criação. É nesse sentido que se pode entender a atitude de Valéry, enquanto traduzia as *Bucólicas*, de "remontar à época de sua criação", procurando, assim, reconstituir os passos do autor e retornar ao seu estado originário, o que coincide com o pensamento de Herder, segundo o qual, referindo-se principalmente às obras provenientes de épocas remotas, não se pode poeticamente compreendê-las sem imaginar e reconstruir o lugar e o tempo de seu nascimento (APEL, 1991, p. 20).

Um tal pensamento norteou-me na escolha das *Bucólicas* de Virgílio como objeto e ponto de partida de minha reflexão sobre a tradução poética, visto serem em sua gênese mesma, um exemplo de transposição do signo poético de um sistema literário para outro. Virgílio condensa, resume, corrige e traduz Teócrito, sem jamais copiá-lo, numa relação intertextual em que sobressai mais a diferença do que a identidade. Tal operação de transmutação de um signo poético em outro signo poético reflete bem o poder de irradiação da poesia, sempre apta a gerar novos conteúdos e formas poéticos. Ao comentar as relações da poesia de Virgílio com a de Teócrito, Antonio la Penna defende a originalidade daquele, ressaltando que "originalidade não significa falta de pressupostos culturais, mas capacidade de absorvê-los e fazê-los circular em um novo organismo cultural" (D'ANNA, 1969, p. 27).

Neste sentido, traduzir as *Bucólicas* e pensar a atividade da tradução a partir da gênese da composição delas não é uma questão lateral. Virgílio traduz em termos de cultura latina o mundo bucólico dos pastores teocritianos, ou mais exatamente, traduz em termos bucólicos teocritianos o imaginário da sociedade romana da época, com suas crises políticas, crenças e desejos. O que permite Virgílio realizar tal tarefa é a ininterrupta mobilidade do signo poético, que, ao cristalizar-se numa forma, logo deriva em direção a outras, no jogo infinito do acaso e na necessidade inerente de expansão. À permanência das *Bucólicas* de Virgílio, acrescenta-se a obra-prima da arte tradutória que é a versão francesa feita por Paul Valéry, precedida de um prefácio – "Variations sur les Bucoliques" – elucidando o seu processo de tradução. Os pressupostos da abordagem da tradução poética de Valéry serão analisados a seguir, levando em conta o texto acima referido, dentre outros do autor, tais como "Calépin d'un poète", "Cantiques spirituels" e fragmentos dos *Cahiers*.

Com esta exposição, pretendo explicitar ainda mais os princípios que nortearam a minha atividade tradutora que, partindo de Valéry, não se esgota nele. Na verdade, mantenho com seus escritos uma relação dialógica de aproximação e recusa. Como exemplo de aproximação, cito a escolha do verso alexandrino clássico para traduzir o hexâmetro datílico. Aquele, tanto em francês como em português, é um verso que, pela sua extensão, permite ao tradutor dar conta do original, fazendo corresponder, verso a verso, original e tradução; ou seja, para cada hexâmetro, um alexandrino. Deve ficar claro, também, que a escolha do alexandrino clássico para a minha tradução não se justifica apenas por espelhamento com a de Valéry. Quis que – numa série em que já existem duas traduções brasileiras em verso das *Bucólicas*, uma em decassílabo, a de Odorico Mendes; outra em alexandrino arcaico (de catorze sílabas), a de Silva Ramos – a minha ocupasse uma brecha entre a extrema concisão do mestre oitocentista e a quase-prosa do outro.

Como exemplo de divergência entre a minha prática e a de Valéry, refiro-me às vezes em que este suprime certas referências culturais, tais como epíteto de deuses e nomes próprios. Embora não considere isto um defeito, não me permiti omissões desta ordem. Outro ponto a evidenciar é o da natureza experimental do meu trabalho. Mais que a pressupostos teóricos implícitos ou explícitos, persigo o processo de experimentação na operação tradutora. Este processo fundamenta-se na escolha prévia de determinados procedimentos constitutivos do texto da tradução: tipo de verso, necessidade de manutenção de esquemas aliterativos e outros elementos rítmicos, imagéticos e logopaicos do original, procurando um rendimento estético convergente ao máximo. Mais adiante procurarei revelar, poema a poema, o processo de significação, entendendo por processo o caráter dinâmico do signo poético, que faz de sua produção a sua substância por excelência. Assim, a operação tradutora, através da desmontagem do original, afastado agora de sua venerável imobilidade, é o momento privilegiado para a captação da natureza metamórfica da poesia.

Variações sobre um mesmo tema

> *Une bucolique de Virgile ce ne serait pas du nouveau à*
> *présenter aux lecteur (encore je n'en suis pas si sûr); mais*

cette bucolique obtenue par des procédés bien différents
de ceux du premier siècle, ceci pourrait être nouveau.
PAUL VALÉRY, Calépin d'un poéte

A tradução das *Bucólicas* de Virgílio feita por Paul
Valéry, ainda que a pretexto de uma solicitação externa, se
constitui num momento de convergência entre duas con-
cepções de poesia que, a despeito das diferenças temporais e
temáticas, se tocam mutuamente pela valorização do supor-
te musical do discurso poético. Sobressai nas *Bucólicas* uma
constante referência à música, seja no seu conteúdo, seja na
própria forma de organização desse conteúdo. Quanto ao
seu aspecto formal, elas se subdividem em dois grupos: as
que representam pastores dialogando em canto alternado
(I, III, V, VII, IX), e as que representam o monólogo de um
pastor (II, IV, VI, VIII, X). Esta alternância de formas entre
os poemas pares e ímpares já revela a intenção do poeta
em criar um conjunto de harmonia, ritmo e ressonâncias
musicais. Atrás dessa harmonia, outras se desvelam, como
na música orquestral, em que a alternância entre tema e
variações compõe, na sequência dos diversos movimentos, a
sua tessitura. Outros elementos, tais como a própria nature-
za do verso latino, assentado na alternância de sílabas breves
e longas e o fato de, possivelmente, estes poemas terem
sido criados para serem cantados com acompanhamento
de flauta, além de representarem como motivo poético pas-
tores, que são, em verdade, poetas-músicos, dão conta das
características musicais da poesia virgiliana. Ultrapassando
a mera exterioridade, estes elementos compõem uma voz
interior, performadora de todo o canto.

Procedendo a uma distinção essencial entre prosa,
discurso sem necessidade musical, e poesia, linguagem

atraente ao ouvido, Valéry, diante do original virgiliano, atua como um intérprete de uma partitura, procurando reconstituir com sua voz, a voz do poeta antigo. Pode-se pensar a tradução como o encontro destas duas vozes a ressoarem simultaneamente. No entanto, essa reconstituição, mais do que a uma execução mimética, assemelha-se a uma variação musical, em que o intérprete, munido de soluções virtuosísticas, esforça-se em revelar as potencialidades melódicas de um certo tema (SAINT-DENIS, 1958, p. 71). Em "De la diction des vers", Valéry afirma: "Um poema, tal como um trecho de uma composição musical, oferece apenas um texto, que, rigorosamente, é somente uma espécie de receita; o cozinheiro que a executa tem um papel essencial. Falar de um poema em si, julgar um poema em si, não tem nenhum sentido real ou preciso. É falar de algo possível. O poema é uma abstração, uma escritura que espera, uma lei que vive somente a partir de alguma voz humana, e esta voz é o que ela é" (VALÉRY, 1992, p. 1255).

Para Valéry, um poema existe como dicção e memória, pois diferentemente da prosa, que ao ser enunciada se esgota na referencialidade, a poesia quer perdurar, quer romper o esquecimento a que está condenada aquela. O poeta, a partir da linguagem comum, cria outra, em que som e sentido se complementam, numa unidade indissolúvel. A música, com seus sons puros, isto é, distintos do barulho comum, fornece ao poeta um modelo para elaboração do conceito de *poesia pura* ou poesia absoluta, uma espécie singular e utópica de poesia (só realizável em fragmentos), totalmente depurada dos elementos da linguagem ordinária. A música, portanto, com sua rigorosa organização, funciona, no sistema poético de Valéry, para quem o poema é *festa do intelecto* (VALÉRY, 1991, p. 87), como "contraponto semiótico" à arbitrariedade do signo linguístico e ao inconsciente da criação, dando a impressão de um sistema completo de relações recíprocas e necessárias entre ideias, imagens e os meios de expressá-las (HAFEZ, 1992, p. 121). "Trata-se de fazer que uma relação acidental, a do som e do sentido, pareça natural; sem exceção, pareça uma lei"(VALÉRY, 1992, p. 82).

Aqui convergimos para a relação entre música, poesia e a atividade tradutora. "A tradução de um poema é sempre a criação de outro poema; não é uma reprodução, mas uma metáfora equivalente do original" (PAZ, 1993, p. 45). A operação realizada no interior do discurso poético que permite traduzir sensações em objetos verbais equivale à operação tradutora tal como foi descrita por Paz, a partir de Valéry, para quem traduzir significa "com meios diferentes produzir efeitos ou resultados semelhantes" (PAZ, 1993, p. 55). Também para Haroldo de Campos, a operação tradutora impõe uma "leitura partitural do texto", pois a poesia, enquanto estrutura, pode ser tomada como música, uma "ideomúsica de formas significantes" (CAMPOS, 1992, p. 284). Interessante notar como um tal pensamento inverte e investe de funcionalidade a metáfora negativa de Mme. de Staël, segundo a qual "o tradutor é um músico que toca uma peça escrita para outro instrumento" (MILTON, 1993, p. 11).

Comentando em "Cantiques Spirituels" a tradução dos poemas de São João da Cruz para o francês, feita pelo carmelita R. P. Cyprien de la Nativité de la Vierge, Valéry afirma que "traduzir de verdade é reconstituir o mais próximo possível o *efeito* de uma certa *causa* – texto em espanhol – por meio de uma outra *causa* – texto em francês" (VALÉRY, 1957, p. 451). E, ecoando o pensamento de Novalis de que o "tradutor é o poeta do poeta", Valéry elogia a obra do monge que, não dispondo do ilimitado campo de possibilidades do autor do original, pois trabalha uma substância previamente dada, à qual se mantém fiel, consegue rendimento estético análogo. Neste sentido o mérito do tradutor é mais raro do que o do autor completamente livre. Este canta o que quiser e como puder, enquanto aquele está limitado a criar a partir do obstáculo (VALÉRY, 1957, p. 455-456).

Valéry, no ensaio introdutório à sua tradução das *Bucólicas*, põe em relevo as propriedades musicais da poesia, definida como a "arte de obrigar continuamente a linguagem a interessar imediatamente ao ouvido, ao menos tanto quanto à mente" (VALÉRY, 1957, p. 55). Para ele, o poeta é uma espécie singular de tradutor que traduz o discurso ordinário em "linguagem dos deuses". Esta "linguagem dos deuses" é, em outras palavras, a própria música, em cuja fonte o poeta mergulha para extrair os ritmos e os sons predominantes, que são os ritmos e os sons do cosmo (LAVIERI, 1995, p. 46). A tarefa do tradutor de poesia, portanto, não é menos demiúrgica que a do poeta. A "língua pura" configurada e cativa na obra deve ser recuperada e liberada pelo tradutor, pois tradução e original são fragmentos dessa língua maior, a "língua pura" (BENJAMIN, 1992, p. 26-29), noção coincidente com "linguagem dos deuses" ou "poesia pura", oriundas de uma matriz única, a "língua suprema", de Mallarmé (CAMPOS, 1985, p. 5). Ancorado na concepção benjaminiana da tradução, Antoine Berman fala de uma tradução da *letra*, que aqui não se confunde com tradução literal, palavra por palavra, ou tradução servil, pois não é nem decalque, nem reprodução, mas uma atenção cerrada aos jogos dos significantes, ou seja, aos esquemas aliterativos, ao ritmo, à extensão do original e à corporeidade icônica da palavra (BERMAN, 1985, p. 36).

Tradutor: poeta em ação

Diante do texto das *Bucólicas* e armado dos pressupostos já descritos, Valéry parte para a experimentação concreta do ato de traduzir. Em ação, o poeta experimenta a sensação da construção do texto original. Ao desmontar o texto latino e reordená-lo em francês, segundo os seus próprios critérios, o tradutor, poeta seguro de seus recursos, entra em contato e sintonia com o jovem Virgílio, hesitante executor de uma arte já madura. "Reescrever Virgílio em francês significará, pois, para Valéry, pôr em confronto as virtualidades poéticas de duas linguagens diversas do ponto de vista histórico e formal, mas homólogos do ponto de vista dos percursos constitutivos de um determinado efeito estético" (LOMBARDO, 1990, p. 39). Pode-se dizer que Valéry pratica, de acordo com o seu interesse mais acentuado no processo de criação do que em obras acabadas, uma espécie de tradução genética, sendo o exercício de tradução para ele esse momento especial para flagrar a gênese da obra, ou seja, o modo de gerar: seu movimento e tensão.

Valéry sabe que para construir as suas *Bucólicas* Virgílio se impôs uma série de dificuldades, próprias do tipo de metro e gênero de poesia que estava adotando. Portanto, para realizar a sua tradução, Valéry procurou também impor-se condições equivalentes, pois era consciente de que, em poesia, as regras representam um campo de ricas possibilidades com diferentes soluções que não excluem o acaso e o *insight*. A liberdade do poeta está em seu desejo de surpreender em rendimento estético na aplicação delas. Valéry, além dos traços formais que a escolha do alexandrino demandou, se impôs também a tarefa de traduzir o mais fielmente possível o conteúdo destes poemas, mas ressaltando que uma fidelidade restrita ao sentido seria a pior espécie de traição. Assim, o que poderia ser uma desvantagem torna-se o contrário, pois, livre da tarefa de inventar um conteúdo novo para o seu texto, o poeta-tradutor pode se ater mais detidamente no trabalho de criação propriamente poético, que é o de criar, através de harmonias e ressonâncias musicais, a aparência de um objeto perfeito, cuja forma esteja reconciliada com o seu conteúdo e pareçam unidos por laços necessários, um a demandar o outro.

Poeta em ação, o tradutor parte do poema acabado para o seu estado nascente, retira a obra de sua fixidez, de sua glória estéril, põe-na em movimento, trata-a sem reverência paralisante. A sensação de Valéry diante do texto de Virgílio é semelhante à que experimenta diante de um poema seu em construção, a ponto de, imaginariamente, confundir-se com o autor e, levado pela preocupação com a forma, procurar pôr-se sobre as pegadas deste, remontando à época da criação do original, e não simplesmente modelando um texto a partir de outro. Uma concepção orgânica do ato de traduzir, como esta apresentada por Valéry, já está presente na obra do humanista italiano Leonardo Bruni, autor de *De Interpretatione recta*, que cunhou o neologismo *traducere*, cujo sentido pode ser perquirido a partir do termo *traductio*, empregado em escritos teológicos da Idade Média, em contexto diverso da reflexão sobre a atividade tradutória. Fazendo parte do quadro de especulações sobre a forma e a matéria, este termo se distingue de outros dois, a *informatio* (imposição de uma forma a uma matéria) e a *eductio* (a retirada de uma forma existente potencial-mente em uma matéria). A *traductio* é, neste contexto, a transmissão ativa de uma forma, sendo a forma o princípio ativo do ser (BERMAN, 1988, p. 94).

Afirma Bruni, antecipando Valéry, que o melhor tra-dutor voltará toda a sua mente, o espírito e a vontade ao autor do original, transformando-se de algum modo nele, e dispondo-se a exprimir a figura, a posição e todos os elementos formais do discurso deste (BRUNI, 1993, p. 79). Tal como Valéry, Bruni destaca o encadeamento rítmico do discurso e aconselha o tradutor a confiar no juízo do ouvido, para não arruinar o que um texto exprime com elegância e senso do ritmo (BRUNI, 1993, p. 78). Um outro humanista, o espanhol Juan Luís Vives, tal como Bruni, está na base da concepção moderna da tradução. Ainda que o seu conceito pouco se diferencie do de Cícero e de São Jerônimo, a sua visão da tradução como um fazer dife-renciado, a depender da natureza do texto a ser traduzido, representa um passo adiante na história do conceito, pois a sua tipologia textual abre espaço para se pensar de modo específico a tradução de poesia. Diz ele que "a poesia deve ser traduzida mais livremente do que a prosa, por causa dos condicionamentos do ritmo; nela se consente acrescentar, subtrair e trocar mais livremente, quando a substância do pensamento permanece íntegra" (VIVES, 1995, p. 131). Possivelmente Vives estava pensando na poesia quando, na sua tipologia, se refere a um terceiro tipo de texto, cuja forma está intrinsecamente ligada ao que é dito e que, portanto, deve ser mantida na tradução, se se quer que o sentido se conserve (COSERIU, 1980, p. 95-113; MATTIOLI, 1995, p. 133-135; FOLENA, 1991, p. 66).

Observemos, ainda, que Vives antecipa a concepção benjaminiana de tradução, no que refere ao influxo da língua de partida na de chegada, quando afirma que "seria utilíssimo às línguas, se os tradutores ousassem dar cidadania a uma figura ou a um *tropo* peregrino". Tal ideia é, em linhas gerais, a mesma de Berman, que, na esteira de Benjamin, concebe a tradução como "auberge du lointain" (BERMAN, 1985, p. 37). Que uma língua aprenda com a outra, no processo de traduzir, um novo modo de expressão de conteúdos também novos é a finalidade de toda tradução que se pretende criativa. Uma tradução de qualidade coloca problemas que transcendem à discussão restrita sobre a obra traduzida, para ganhar amplitude como fato cultural relevante, pois alarga as fronteiras das línguas de chegada, acrescentando-lhes novos conteúdos e novas formas e desencadeando uma série de novas obras. Guardadas as diferenças, tal fenômeno ocorreu tanto na absorção da cultura grega pela romana como no romantismo alemão, do qual a concepção benjaminiana é tributária.

Fenômeno oposto são as *belles infidèles* do século XVII, traduções impermeáveis ao influxo vivificante das obras estrangeiras, adaptadas ao "bom gosto" francês, ao qual se sacrificava o sentido e a forma. Se para Goethe traduzir é engendrar uma forma a partir de outra, isto é, uma metamorfose, para os tradutores franceses daquele período a tradução era a metamorfose do outro no mesmo.

Traduzir e criar já não são termos opostos, porque criar, escrever o que quer que seja, como já foi dito, é, para Valéry, uma operação de tradução, e traduzir é também o mesmo que criar, com suas hesitações, recuos, êxitos, fracassos, cortes e rasuras. Para Valéry, um poema existe em dois estados: em construção na mente do poeta ou como voz, na sua duração performática. O ato de traduzir é reatualização destes estados, com a produção de resultados convergentes. Para quem como Valéry que valoriza mais o processo que o produto acabado, a poesia está situada na experiência, na experimentação, no ato de criar um e outro, original e tradução, para além de qualquer hierarquia entre estes termos. A tradução é experiência: experiência de obras, de línguas, experiência de si mesma, de sua essência e de sua autonomia. Neste sentido, a tradução articula experimentação e reflexão sobre a natureza desta experiência. Não se trata de uma reflexão teórica objetiva, nem uma autoexplicação ou uma fenomenologia ingênua do ato de traduzir, mas do "anúncio da experiência daquilo que se poderia chamar a outra tradução, que, por assim dizer, se dissimula em toda tradução", de tal forma que crítica e tradução se tornaram consubstanciais ao ato de escrever (BERMAN, 1985, p. 37-43).

No próximo passo, trato de evidenciar, na leitura de cada uma das *Bucólicas*, como Virgílio, através de uma tendência mitologizante, alça o mito, ao lado da música, como princípio estruturante de sua obra.

A trama mítica das *Bucólicas*

Para Virgílio não poderia haver poesia sem ligação estreita com o mito, liame que permite o trânsito de seres opacos para uma existência luminosa ao lado dos deuses e da natureza divinizada. Fora da poesia a existência é nula e, longe da presença vivificante do mito, a poesia não se corporifica. Nesta reflexão, portanto, o mito será pensado a partir de sua potencialidade de presentificação, de sua capacidade de tornar luminosas existências antes destinadas ao reino das sombras. Enfim, o mito será tomado como princípio estruturante, produtor e potencializador de sentidos do texto poético. Ver o mito apenas como convenção literária é recusar a própria matéria desta poesia. Nas *Bucólicas* o mito, de par com a música, colabora na criação de uma atmosfera particular e distanciada da realidade imediata. Os pastores de Virgílio pertencem a um mundo que só idealmente corresponde àquele em que vivem o poeta e seus leitores.

O mito, como um conjunto de histórias, comportamentos, práticas religiosas, deuses e heróis, era um dos elementos importantes que compunha a *semiosfera* ao tempo de Virgílio. *Semiosfera*, conceito proposto por Lotman, é um espaço semiótico fora do qual não é possível a existência de semiose, sendo que se caracteriza por uma profundidade diacrônica e por um sistema complexo de memória que viabiliza o seu funcionamento. A *semiosfera* é, portanto, um todo orgânico e contínuo, do qual emergem, para a sua plena significação, as práticas sociais e culturais descontínuas (LOTMAN, l992, p. 55-69). Pleno de dinamismo, o conceito de Lotman ilustra bem a concepção que pretendemos desenvolver, buscando distanciar-nos ao máximo de categorias estanques e formulações redutoras. Com essa leitura das *Bucólicas* queremos captar o movimento subjacente do mito em meio à trama textual da poesia virgiliana, pois, como lembra o próprio Lotman, a palavra "texto" alude etimologicamente à trama dos fios do tecido (LOTMAN, 1992, p. 265).

Ressaltamos, de imediato, dois aspectos formais do discurso poético nas *Bucólicas*, o seu movimento em direção à música e à técnica de *bricolage*, elementos estruturais do pensamento mítico evidenciados por Lévi-Strauss, para quem o mito se estrutura como uma partitura musical, com seus feixes de relações, devendo ser lido (executado) tanto no sentido horizontal quanto vertical – sincrônica e diacronicamente (LÉVI-STRAUSS, 1989a, p. 68). Analisando a concretude do pensamento mítico, que parte sempre do elemento concreto imediatamente dado para considerações de ordem geral, ao contrário do pensamento científico moderno que parte do abstrato para o particular, Lévi-Strauss o aproxima da técnica de *bricolage*, que consiste em ir reunindo ao acaso materiais fragmentados previamente construídos, resultando daí uma síntese imprevisível (LÉVI-STRAUSS, 1989b, p. 15-49).

Esta característica macroestrutural tem, como num jogo especular, seu reflexo nos elementos microestruturais da obra. Tomemos como exemplo a primeira bucólica. Os primeiros cinco versos já contêm em si todas as características formais da obra inteira. Uma sequência de aliterações da consoante linguodental surda/t/, habilmente distribuídas, de modo alternado, nos dois hemistíquios dos quatro primeiros versos compõe o prelúdio musical, onde a tênue flauta (*tenui auena*) não só está referida verbalmente, como também se faz ouvir através das palavras, executando a melodia silvestre (*siluestrem musam*), numa configuração icônica de toda a obra. O último verso da estrofe introduz uma ideia (a propagação na natureza dos sons, palavras e lamentos dos poetas) que será permanentemente retomada, num processo de repetição semelhante à técnica do *leitmotiv* na música (LOTMAN, 1992, p. 220). Essa solidariedade mística entre o homem e a natureza (ELIADE, 1983, p. 60) expressa em termos musicais é uma das chaves para a compreensão do conteúdo mito-poético das *Bucólicas*. Ressaltemos ainda nesta primeira estrofe o paralelismo dos versos (1 e 4; 2 e 5; 3 e 4) iconizando também a estrutura em eco, como a reforçar a ideia de uma natureza reverberante e solidária.

Passemos à análise de outro aspecto da ligação entre as *Bucólicas* e o pensamento mítico, segundo o ponto de vista da técnica de *bricolage*. A linguagem poética guarda com a linguagem mítica uma relação de proximidade. Ambas se utilizam da analogia como princípio estruturador de suas formulações (PAZ, l993, p. 65). O mito coloca um problema ou vários simultaneamente, mostrando que são análogos a outros, através de operações mentais a partir do método do *é quando* ou do *é como* (LÉVI-STRAUSS, 1986, p. 214), num processo caracteristicamente acidental de *bricolage* intelectual (LÉVI-STRAUSS, 1989, p. 32), de tal forma que, operando por meio de vários códigos, extrai "de um domínio da experiência propriedades latentes que permitem compará-lo com outros" (LÉVI-STRAUSS, 1986, p. 215). Cremos ser por demais evidente o caráter analógico da poesia virgiliana para merecer um tratamento exaustivo. Basta-nos, por ora, lembrar, dentre outros fatores, que ela opera também por meio de códigos (musical, poético, político, religioso, agrário, alimentar, etc.) e que a interação vertiginosa destes códigos contribui decisivamente para o efeito poético do conjunto, cuja harmonia se produz a partir do choque e do conflito entre esses códigos.

Quanto à técnica de composição, a *contaminatio* dos poetas latinos lembra em muito a técnica do *bricoleur*. Virgílio a utiliza na maior parte das *Bucólicas*, mesclando trechos dos idílios de Teócrito e de outros poetas gregos e latinos, recontextualizando-os de forma original, segundo os efeitos que tem em mente desencadear. Virgílio, numa relação de intertextualidade dinâmica, condensa e reorganiza os dados da tradição, traduzindo-os em novos termos, segundo o padrão de sua linguagem, tal como acontece com um mito, que é sempre a tradução em novos termos de um outro mito.

Com estas observações encerramos o primeiro momento de nossa tarefa interpretativa, naquilo que concerne aos aspectos mais gerais da relação entre mito e poesia. Por se tratar aqui de poesia lírica que, com seus fluxos fragmentários, nega a narratividade, não falamos da potencialidade estruturadora da narrativa mítica, clara com relação à poesia épica. Na poesia lírica, essa característica do mito é substituída pelo seu poder de evocação, de tal modo que nomes gregos de pastores, lugares e divindades, fragmentos de histórias sagradas e de ritos compõem um mosaico, sob um pano de fundo romano, por onde fluem o sentimento e a emoção propriamente lírica do poema. Além do mais, estas sonoridades gregas destacam-se como pedras habilmente dispostas neste mosaico, dando uma dimensão icônica ao signo poético.

Passemos agora à análise de certos componentes mitológicos das *Bucólicas*, sem perder de vista que forma e conteúdo fazem parte de uma inseparável unidade sígnica. A partir deste ponto, abandonamos de certa forma a perspectiva que vê o mito como um esquema mental autônomo em relação ao pensamento científico, para nos debruçar propriamente nas ideias religiosas refletidas na obra e o fazemos levando em conta o contexto em que ela foi escrita e esclarecendo que nosso compromisso, aqui, não é estabelecer verdades definitivas, mas criar analogias que possam iluminar pontos ainda obscuros destes poemas.

Comecemos pelos nomes dos pastores que, segundo uma tradição interpretativa oriunda da Antiguidade, são máscaras textuais, sob as quais se escondia a identidade de algumas personalidades reais do mundo social romano. Afirma um comentador moderno de Virgílio que "desde sua origem teocritiana a poesia bucólica é, em essência, poesia de *máscara*. Com Virgílio, ela continuará sendo" (GRIMAL, 1978, p. 146). Assim estes pastores-poetas seriam nada mais que disfarces literários de homens de letras do círculo a que pertencia Virgílio. Longe de querer prolongar uma querela que já não faz mais sentido levantar, interessa-nos meditar acerca da ideia de máscara e associá-la ao mito e ao ritual, especialmente o mito e o ritual dionisíacos. Dioniso, deus da máscara e do vinho, é referência constante na obra. Alguns indícios permitem-nos ligar as figuras dos pastores-árcades virgilianos aos ritos de iniciação das religiões de mistério, no qual Dioniso e Orfeu são cultuados. Os versos II, 71-72 (Por que não te propões a fazer algo útil / trançando com o vime e o junco maleável?) e X, 70-71 (Bastará ao poeta, ó deusas, ter cantado, / e, sentando, ter feito um cesto em fino hibisco) revelam reminiscências de rituais órficos praticados em Creta, nos quais se conduzia solenemente um cesto, contendo os objetos de culto (ELIADE, 1983, p. 262).

Esta observação assim isolada pode parecer aleatória, mas, se lembrarmos que as fontes, as grutas, as selvas e o cimo dos montes eram locais sagrados onde se realizavam rituais ligados às divindades das religiões de mistério (BURKERT, 1993, p. 66-74), podemos entrever que este cenário bucólico, sempre interpretado como decorativo, está como que imantado de uma aura sacra, palco de dramáticas hierofanias de Dioniso, Pã, Ninfas, Sátiros e todas as deidades que de algum modo se relacionam com o mundo rústico dos pastores-árcades. Lembramos, também, que ambas as citações se situam num contexto de renúncia a uma paixão amorosa desreguladora porque aponta para a finitude de uma existência corporal infeliz, para a qual as religiões de mistério, como o orfismo, propunham a purificação e a imortalidade da alma, através de ritos de passagem. Com isto não afirmamos que Virgílio tenha sido um iniciado em cultos de natureza dionisíaca ou órfica, mas que, como poeta, soube refletir, consciente ou inconscientemente, os valores e as crenças de que estavam impregnadas as camadas populares. As *Bucólicas* estão recheadas de descrições de rituais, sacrifícios públicos, artes mágicas e palavras de encantamento. Certamente que o poeta não recolheu tudo isso dos livros da cultura grega, mas também da observação dos variados credos e cultos em voga na sua época.

Na primeira Bucólica, Melibeu e Títiro, dois pastores, um espoliado e o outro poupado do confisco de suas terras, conversam sobre a sorte de cada um. Considerada pelos estudiosos, junto com a nona bucólica, de tema idêntico, a mais pessoal, não apresenta muitas referências mitológicas explícitas, mas isso não nos impede de perceber a sacralidade que envolve a situação. Melibeu está prestes a deixar a terra, com a qual mantém uma ligação que ultrapassa o sentido utilitário e profano. Em seu resignado lamento, a natureza é evocada como uma fonte inesgotável de manifestação do divino, seja pressagiando a sua desgraça, com a queda de um raio sobre o carvalho, árvore sagrada de Júpiter (FRAZER, 1994, p. 197), seja solidarizando-se com o amor de Títiro e Amarílis, pelo ecoar do som da flauta do amante ou do chamamento da amada.

Por outro lado, o canto de Títiro, agraciado com a continuidade da posse da terra, é de exaltação e deificação do imperador, de uma forma discreta e alusiva, ressaltando a sacralidade da função imperial. A situação de antagonismo dos dois pastores não é obstáculo para a solidariedade. A primeira intervenção de Títiro reproduz a estrutura habitual da linguagem da súplica religiosa, seja com o vocativo introduzido pela interjeição *o*, que torna solene a invocação, seja pela uso do *er-stil*, técnica da linguagem litúrgica que consiste, no caso, da tríplice repetição do pronome *ille*, para referir-se a um deus (FIDELI, 1972, p. 276).

A segunda fala de Títiro, como que se esquivando de responder diretamente a pergunta de Melibeu, apresenta solenemente a cidade de Roma. Apesar do tom solene e formular de *Urbem quam dicunt Romam*, a grandiosidade de Roma é traduzida nos termos da linguagem pastoril. Ao falar de Roma, Títiro o faz com os elementos de sua lida cotidiana, os animais e as árvores. O deus de Títiro é um deus entre os homens, e Roma é o seu Olimpo. Virgílio emprega a técnica retardante da narrativa épica, introduzindo Roma como uma cidade fabulosa, longínqua e diversa das pequenas cidades dos pastores (GIGANTE, 1988, p. 45).

Na terceira intervenção de Títiro, nota-se também o uso da técnica retardante. Títiro não responde diretamente a pergunta de Melibeu. *Libertas*, com que começa a sua fala, mais que uma noção abstrata, é a personificação de uma deusa. A forma verbal *respexit*, de que *Libertas* é o sujeito, confirma a hipótese. O verbo *respicio* faz parte do vocabulário religioso e exprime a atenção dos deuses para com os mortais. O quiasmo *tamen respexit* (v. I, 27) e *respexit tamen* (v. I, 29), que mantive na tradução, enfatiza a ação divina (FIDELI, 1972, p. 281-282). Nota-se nas palavras de Melibeu (v. 36-39) o emprego (estranhíssimo para o leitor moderno das éclogas) de um outro procedimento da linguagem religiosa, o *du-stil*: Amarílis, embora ausente na cena, é evocada na 2ª pessoa do singular, como se estivesse presente. Nota-se também o tríplice uso enfático do prono-me *ipse* e a repetição do nome de Títiro, como que carre-gando de *pathos* o apelo de retorno. Na verdade, Melibeu, esquecendo-se de sua triste situação, aplica a mesma técnica retardante, para evocar, aproveitando o tema da viagem proposto por Títiro, a ausência deste e o sofrimento de sua amada, bem como a solidariedade da natureza para com o drama humano (FIDELI, 1972, p. 282).

Em seguida, Títiro (v. 40-45) expõe o estado de servi-dão em que se encontrava antes da viagem, o seu encontro com o seu *deus* e protetor e a resposta deste ao seu pedido. A fórmula *tam praesentis divos*, na qual *praesens* não signi-fica simplesmente propício, mas reúne os significados de presente, atual e eficaz, pertence à linguagem religiosa e já se encontra em autores como Cícero e Lívio. A resposta do *iuuenis*, considerada obscura, foi concebida como a resposta concisa e ambígua de um oráculo (FIDELI, 1972, p. 282-283). Na minha tradução, condensei as duas formas verbais latinas *pascite* e *submittite* em uma só "tangei", creio que sem maiores prejuízos para a significação da passagem.

O longo trecho que compreende os versos 46-59 apre-senta o elogio de Melibeu a Títiro e pode ser dividido em duas partes, ambas começando pelo vocativo *Fortunate senex* (Velho de sorte, na minha tradução), primeiro hemis-tíquio dos versos 46 e 51. A primeira parte está impregnada de realismo na descrição da propriedade rural de Títiro, em contraposição à pintura idealizada da segunda parte. Para Marcelo Gigante que, comentando o artigo de Saint-Denis sobre as *variações* de Valéry, "a evocação dos domí-nios de Títiro é uma estrofe que 'canta', uma das provas da 'imaginação auditiva' de Virgílio: o jogo de aliterações confirma a exatidão da intuição de Valéry, que descobriu nas *Bucólicas* uma *force chantante*, uma expansão dos recursos musicais da língua latina" (GIGANTE, 1988, p. 71-72). Na tradução deste trecho estive atento também à série de anáforas, além das aliterações, procurando restaurar em português, aproximativamente, o intrincado sistema de ressonâncias e ecos da poesia virgiliana.

Nos versos 59-63, Títiro expressa a gratidão para com o seu benfeitor, através de uma série de símiles de caráter hiperbólico, *adynata*, e que consiste na enumeração e comparação de eventos impossíveis de se concretizar na realidade. Os dois primeiros apontam para a confusão de fenômenos naturais, os outros dois podem ser definidos como políticos ou geográficos. No primeiro, animais terrestres (cervos) são transpostos para as alturas; no segundo, animais da água (peixes), para a terra; no terceiro, os partas, inimigos dos romanos no Oriente, bebem água em rio do Ocidente (Árar); e, por último, os germanos, inimigos dos romanos no Ocidente, bebem em rio do Oriente (Tigre). O *iuuenis* cujo semblante permanecerá intacto no peito de Títiro é o *deus*, capaz de intervir nestes dois domínios, o da natureza e da política, assegurando uma ordem que só não descamba para o caos por força de sua presença e de seu poder.

A última intervenção de Melibeu (v. 64-78) está carregada de ênfase, tanto no tom quanto nas imagens particulares. Os três primeiros versos trazem um catálogo dos pontos geográficos que marcarão o exílio do Melibeu e daqueles que, como ele, não tiveram a mesma sorte de Títiro. O que era prece e júbilo nos símiles de Títiro se transforma em maldição na fala de Melibeu, para quem o impossível tinha já acontecido. Seu mundo e seu futuro foram estilhaçados pelo confisco da terra e só lhe resta imaginar um improvável retorno num futuro remoto (v. I, 67-69) (NIELSEN, 1972, p. 158-159). Ele despreza como *impius* e *barbarus* o veterano que vai colher os frutos de seu labor. *Impius* e *barbarus* são palavras muito fortes e estão enfatizadas pela posição inicial que ocupam nos versos. O verso 73 pode ser lido como uma paródia do 45, que contém a resposta do *deus* a Títiro (FREDRICKSMEYER, 1969, p. 213). O canto de Melibeu termina com a declaração de que não mais cantará. A simetria entre o mundo dos pastores e o canto foi rompida por um acontecimento (a guerra civil) que transcende esse mundo e o esmaga. A mudez de Melibeu é o signo máximo do aniquilamento de seu mundo. A dor e indignação que ele sente é não apenas por si mesmo, mas por todos os expropriados.

Nos versos finais da écloga, Títiro convida Melibeu a passar a noite com ele, sobre o verde capim, enumera os alimentos de que dispõe e descreve o crepúsculo que prenuncia a noite. Para Marcelo Gigante, "a sequência de l (*procul, uillarum, culmina*) e especialmente a de u (*summa procul uillarum culmina fumant... cadunt... montibus*) tornam escura a atmosfera do momento" (GIGANTE, 1988, p. 102-3). O poema termina com a sombra da noite se abatendo sobre tudo.

A segunda Bucólica apresenta um conflito de ordem amorosa, uma paixão não correspondida de um pastor, Córidon, pelo jovem Aléxis. O primeiro hemistíquio do verso 1, *Formosum pastor* introduz objetivamente o conflito. *Formusum* remete à beleza física, entendida como harmonia formal e é a característica principal do objeto da paixão amorosa, que é antes de tudo amor ao belo. *Formosum* traduz bem o vocábulo *kalos*, que, para os gregos, referindo-se a pessoas, era exclusivamente uma alusão à sua forma, cor, textura e movimento (DOVER, 1994, p. 33). *Formosum* liga-se a *Alexim*, nome estranho à tradição bucólica, não se encontra em Teócrito, mas numa elegia de Meleagro. Trata-se, possivelmente, de uma escravo que vive na cidade, para quem os dons e as qualidades de *pastor* de Córidon nada significam. Em *pastor* está sintetizado o mundo bucólico ao qual Córidon pertence e para o qual pretende chamar a atenção de Aléxis. Entre Córidon e Aléxis existe, separando-os, a paixão amorosa intensa, expressa pela forma verbal *ardebat*. *Delícias domini*, no segundo hemistíquio do verso 2, qualifica Aléxis, o seu *status* social, e aponta para a impossibilidade da paixão, o que fica bem claro na sequência do verso. O verso 3 pinta o cenário habitual do mundo bucólico, mas, se na primeira écloga vemos Títiro a cantar tranquilamente as alegrias de seu ócio, à sombra da faia, aqui encontramos Córidon lançando aos montes e selvas um desesperado canto de amor não correspondido, um discurso delirante, palavras sem fundamento, *incondita*. Estes primeiros cinco versos formam um prólogo narrado pelo poeta, que logo em seguida cede a palavra ao próprio Córidon.

A segunda parte do poema, que vai do verso 6 ao 18, começa com a invocação do nome do amado, seguido do epíteto *crudelis* e de uma queixa. Córidon é pastor e também um poeta-cantor. Não ter o seu canto ouvido é algo próximo à morte. Após este conturbado início, o pastor volta o seu olhar para o seu próprio mundo, ao descrever a faina dos animais domésticos e selvagens em meio ao calor intenso, bem como introduz os demais personagens do seu mundo: Téstiles, Amarílis e Menalcas. O símile, comparando a pele tostada de Menalcas e a pele branca de

Aléxis às cores do jacinto e da alfena, além de argumento do amante para chamar a atenção do amado, revela a íntima relação e o destino comum dos seres, homem e natureza, no mundo bucólico.

O poema continua com a exaltação narcísica de Córidon e dos presentes que este reserva ao seu amado. No verso 19, Córidon retoma o tom queixoso, para logo em seguida revelar o seu patrimônio em leite e gado, bem como sua maestria no canto, que não é um canto qualquer, mas tem sua matriz em Anfion. O poeta passa da realidade ao mito, no verso *Amphion Dircaeus in Actaeo Aracyntho*, repleto de ressonâncias gregas, tornando perceptível e concreta a imitação do canto de Anfion por Córidon (SCHMIDT, 1984, p. 72).

Nos versos 28-35, o poeta representa o seu mundo como *locus amoenus*, um dos motivos mais caros ao gênero bucólico. Nele surge pela primeira vez a figura de Pá, deus da Arcádia, inventor da flauta, divindade protetora e, ao mesmo tempo, ameaçadora por sua sexualidade desenfreada (SISSA; DETIENNE, 1990, p. 268; CAMPBELL, 1993, p. 84). Os versos 45-55 compõem um catálogo de flores e frutas, dons que as Ninfas e o poeta concederão a Aléxis. Os nomes das flores estão cheios de referências eróticas, desde a pálida violeta, porque tem a cor dos amantes, aos jacintos, pela sua delicadeza. Nos últimos versos, misturam-se poesia e amor, dos quais são metáforas as plantas sagradas de Apolo (louro) e de Vênus (mirto). Louro e mirto fecham este catálogo de flores e frutas que o pastor apaixonado oferece ao amado. Eles concluem também o canto de Córidon, desejoso de que o seu amor por Aléxis seja correspondido. Na proximidade e união de mirto e louro, pode-se reconhecer o amor (Vênus) que se funda na unidade com a poesia (Apolo)

(SCHMIDT, 1984, p. 66-67). Entre os vocabulários especiais, o de botânica é um dos mais difíceis de traduzir, porque os nomes latinos deram origem nas línguas modernas a vocábulos atribuídos a plantas diferentes (SAINT-DENIS, 1963, p. 233). Na minha tradução, procurei não fugir do problema e segui a lição dos tradutores e comentadores consultados.

Após este catálogo de flores e frutas, o pastor-poeta acorda de seu idílio e volta à consciência de si nos versos 56-68. Se antes ele se dirigia ao amado, agora ele, tendo tomado consciência da recusa, dirige-se a si mesmo, e é com o epíteto *rusticus* que ele se qualifica. O *pathos* aumenta com a hipérbole envolvendo as flores, os ventos, as fontes e os javalis, mostrando o paroxismo da paixão não correspondida. *Demens*, outro epíteto com que Córidon se qualifica, revela a concepção platônica da paixão como loucura, possessão divina. O contraste entre o campo e a cidade retorna através das alusões mitológicas de Páris, cuja paixão imprudente causou a destruição de Troia, e de Palas, deusa protetora da cidade.

Os versos 63-67 expressam a profunda relação entre o instinto da caça, a fome animal e a paixão amorosa (GEYMONAT, 1988, p. 125). Os versos 66-68 contêm a descrição do pôr do sol que traz o repouso ao trabalhador do campo, mas não ao amante, que continua a queimar-se de amor. Os cinco versos finais correspondem aos cinco iniciais, como sucede na écloga I. O pastor Córidon reconhece o seu estado de loucura, a paixão amorosa não correspondida. O que se segue são sugestões que Córidon se dá para sair do impasse: retornar aos trabalhos com a vide, realizar trabalhos manuais como tecer um cesto. Enfim, o reconhecimento da paixão

como loucura, possessão divina, permite a Córidon re-
pensar o desejo e relativizar o objeto.

A terceira Bucólica trata, em tom jocoso, da disputa
entre dois pastores, Menalcas e Dametas, pela supremacia
no canto. A mediação é feita por outro pastor, Palêmon,
que, ao final, decide pelo empate. Nota-se nesta bucólica a
recorrente ideia de uma natureza participante e solidária. A
força do canto é capaz de mover os rios, banhar os prados,
assim como Orfeu, com sua música, movia as árvores.

A terceira Bucólica pode ser dividida em duas partes:
a primeira consiste na disputa entre os dois pastores (1-
59), e a segunda, na competição de canto *amebeu* (canto
alternado), espécie de desafio na presença de um árbitro (v.
60-111). O poema começa com Menalcas perguntando,
malevolamente, quem é o dono do rebanho que Dametas
pastoreia. Este responde objetivamente à pergunta, mas
Menalcas retoma o tom provocativo, lamentando a sorte
dos animais e atribuindo a Dametas atitudes nada edifi-
cantes como pastor (v. 3-6). Dametas contra-ataca com
uma referência maliciosa à virilidade de Menalcas (v. 7-9).
O ataque velado e as reticências com que é insinuada a
acusação revelam a discrição de Virgílio, no que concerne
à pintura dos hábitos sexuais de seus personagens. A essa
insinuação responde Menalcas ironicamente concordando
com a acusação, mas devolvendo-a ao seu acusador e adicio-
nando novo crime, o corte das videiras novas (v. 10-11); ao
que responde Dametas acusando Menalcas de ter quebrado,
por inveja e raiva, o arco e flecha que Dáfnis tinha ganhado
como prêmio por vitória em competição contra o próprio
Menalcas (v. 12-15). Em seguida, Menalcas acusa Dametas
de roubar o bode de Dámon (v. 16-20), mas Dametas
rebate dizendo que tinha pegado o que lhe pertencia de

direito por ter vencido aquele numa competição musical. Vem introduzido, assim, o motivo da competição musical, que se desenvolverá como tema principal da écloga III (LA PENNA, 1988, p. 137). A réplica de Menalcas (v. 25-27) é no sentido de desqualificar a arte de seu adversário e provocá-lo ao combate. Dametas imediatamente desafia Menalcas, propondo como prêmio uma vitela, animal excepcional, que a despeito da pouca idade, já reproduz (v. 28-31).

A longa réplica de Menalcas contém uma contraproposta de prêmio. Depois de se desculpar por não poder apostar a vitela, propõe, no lugar, dois copos habilmente trabalhados por um famoso artesão, Alcimedonte. Menalcas descreve, então, as figuras superpostas nos copos, começando pela videira e pela hera ornamentais que emolduram as figuras no centro, dois astrônomos, Cônon e um outro, não nomeado. O que importa aqui é a expressão do sentimento cósmico, revelando a utilidade de um calendário para a agricultura, regulado pelos astros (BOYANCÉ, 1955, p. 226). Dametas replica com ironia a proposta de Menalcas. Também ele possui dois copos feitos por Alcimedonte, só que ornados de acanto, madeira mais valiosa do que a faia. À figura de Cônon e do anônimo contrapõe a de Orfeu e das selvas que o seguem. Com o mito de Orfeu, é um outro aspecto do sentimento cósmico de Virgílio que está em jogo: a ligação entre o canto e a natureza. A ambiguidade que caracteriza a fala de Dametas com o desprezo pelos copos de Menalcas implica, segundo este, a recusa do combate por parte do adversário, de tal forma que o primeiro verso (49) da réplica de Menalcas é no sentido de provocá-lo para que não fuja do duelo. Num movimento rápido, característico do mimo, Menalcas introduz Palêmon, o árbitro da peleja, logo saudado por Dametas, que confirma o desejo de participar da disputa.

Sobre a intervenção de Palêmon (v. 55-59), o que se nota é o contraste de tom com o que tinha sido dito antes pelos pastores. A solenidade contrasta com o clima de mimo que havia. Antes de lembrar as regras do duelo, Palêmon convida ambos a sentarem-se sobre a grama, evocando o cenário próprio ao canto. A repetição do advérbio *nunc* cria uma atmosfera religiosa, como num hino. As Camenas, divindades tipicamente romanas, encerram a intervenção de Palêmon, substituindo as musas gregas, numa operação metapoética de Virgílio, para marcar a introdução do bucolismo na poesia latina.

Começa, então, o canto *amebeu*, uma sequência de dísticos alternados, em que cada um se esforça em retomar o que o outro diz, exprimindo a mesma coisa ou o seu contrário, com mais força e graça. Dametas compõe o seu proêmio com uma solene invocação a Júpiter, em que se notam traços da linguagem religiosa, como na repetição *ille/illi* (v. 60-61). A isto responde Menalcas, proclamando Febo como seu protetor e enumerando os dons do deus, louro e jacinto. Depois destes proêmios, o duelo se desenvolve sob o tema do amor, traçando um arco que vai do *facilis amor* (v. 64-67) aos cuidados e presentes (v. 68-71), à fugacidade (v. 72-75), à amargura (v. 76-9) e à inevitabilidade do amor (v. 80-83) (BÜCHNER, 1986, p. 232-233). Entre os dísticos de temática amorosa e os mais estritamente pastorais, o poeta inseriu uma homenagem a Pólio, apresentado como cultor das musas e apreciador da poesia bucólica (v. 84-91). A partir deste ponto, os dísticos sugerem normas de comportamento para evitar os perigos, as serpentes, as margens impróprias para as ovelhas, os cuidados com o rebanho, as consequências nefastas da paixão amorosa para o rebanho e o pastor, bem como da inveja ou má-sorte, introduzindo-se aí uma cota de crendice popular. A peleja termina com os contendores enunciando, cada um, um enigma, sem, contudo, resolvê-los.

O veredito de Palêmon (v. 108-110) considera os dois cantores dignos do prêmio, junto com aqueles que experimentaram as doçuras ou o amargor do amor. O verso conclusivo, pedindo o represamento das águas, insere esta écloga no curso ordinário da jornada e termina, como a primeira e a segunda, junto com o dia (BÜCHNER, 1986, p. 234). Com o dia, findam, também, o trabalho dos pastores e os prazeres do canto.

A quarta Bucólica, anunciando o nascimento de uma criança e, com ela, uma nova Idade de Ouro, é uma das peças do conjunto que mais coloca questões no plano mito-poético. O seu conteúdo messiânico tem-se prestado às mais diversas interpretações, inclusive, a dos primeiros cristãos, que a viam como anúncio do nascimento de Jesus Cristo. Os três primeiros versos compõem o prólogo, no qual, apesar da natureza elevada do assunto a ser cantado, o poeta garante a sua filiação ao gênero bucólico, invocando as musas da pátria de Teócrito. O tamarindo é uma árvore dedicada a Apolo e se refere a um gênero menor de poesia. No terceiro verso o poeta deixa claro que, mesmo cantando em louvor de uma alta personalidade – um cônsul – não pretende abandonar o gênero bucólico.

Contrariando esta posição, René Waltz sustenta que estes três versos iniciais, de tom vagamente rural, são apenas um prelúdio artificial, destinados a ligar esta suposta bucólica às verdadeiras, ou seja, a reduzir, ao menos na aparência, a distância que as separa (WALTZ, 1958, p. 4). Não dá para concordar com Waltz, porque os temas desta écloga, apesar da solenidade do registro, não são estranhos ao repertório das *Bucólicas*. Aliás, o advento de uma Idade de Ouro, concomitante ao nascimento de uma criança divina, está em pleno acordo com a idealização da Arcádia presente em outras éclogas. Além disso, o pano de fundo histórico, as guerras civis e o seu desdobramento na paz alcançada, é o mesmo de todo o conjunto.

A referência à profecia de Cumas (v. 4) introduz o estilo e o assunto elevados que o poeta anuncia no prólogo. A promessa de um novo tempo é consumada. Os verbos no presente do indicativo *venit, redit, redeunt, regnat* e *demititur* expressam uma situação de vibrante expectativa, com a repetição anafórica do *iam*, pela desejada renovação, que se concluirá com o nascimento do *puer*, posto sob a proteção de Apolo e de Diana, evocada sob o epíteto ritual de *Lucina*, divindade propiciadora dos partos. Mas como o menino ainda está por nascer, os verbos *desinet* e *surget* projetam para um futuro imediato o desaparecimento da geração de ferro, substituída pela de ouro, simultaneamente com o nascimento do menino. Nos versos 11-12, o poeta anuncia, em tom laudatório, o advento destes fatos extraordinários durante o consulado de Pólio. Os versos 13-14 aludem às guerras civis e à insegurança que elas suscitam. O menino é novamente evocado, agora na companhia de deuses e heróis, gozando da paz conseguida pelas virtudes políticas de seus pais (v. 15-17).

A partir do verso 18, o poeta se dirige diretamente ao menino, em tom de profecia, até o verso 45, empregando verbos no futuro, compreendendo três distintos momentos da vida deste e correspondendo cada um a fatos miraculosos, especialmente nos versos 18-25, em que manifestações espontâneas da natureza, na Idade de Ouro, comumente acompanham o recém-nascido. O poeta, fiel ao gênero bucólico, compõe uma série de hipérboles ligadas à esfera pastoral, como a pacífica convivência entre feras selvagens e animais domésticos, a extinção de espécies nocivas de animais e vegetais e a difusão de exóticas plantas odorantes. Nos versos 26-36, o poeta apresenta os eventos maravilhosos que sucederão na adolescência do *puer*, como se a condição humana avançasse com o crescimento do menino.

Nos versos 28 e 30, o poeta descreve a natureza generosa produzindo, espontaneamente, o trigo, a uva e o mel, para logo em seguida (v. 31-36), e por contraste, evocar as futuras campanhas militares que lembrarão os antigos heróis. Como um verdadeiro homem da Idade de Ouro, o *puer* estará potencialmente apto a repetir as façanhas míticas dos Argonautas e de Aquiles. Com a idade adulta (v. 37-45), se realizará, também, a promessa de felicidade total, a plena disponibilidade da natureza em atender, espontaneamente, às necessidades humanas. Não haverá mais precisão de navegar, semear a terra, jungir os touros ou tingir a lã dos carneiros. Com os versos 46-47, o poeta assegura que a predição do nascimento do menino e o advento da Idade de Ouro tem o consentimento das Parcas, divindades que regem o destino. Nos versos 48-52, o poeta, absorto na contemplação da felicidade universal, coincidente com a idade madura do *puer*, instiga-o a assumir a missão que lhe foi reservada, interpelando-o nos mais altos termos. Nos versos 53-59, o poeta exprime o desejo de ver prolongado o que lhe resta ainda de vida e de inspiração poética, não tanto para gozar das alegrias da

Idade de Ouro, mas para celebrar a glória do *puer*, com cuja matéria poderá rivalizar com os cantores míticos Orfeu, Lino e, até mesmo, Pã, divindade propiciadora da poesia arcádica.

Os quatro versos finais da écloga compõem um pequeno acalanto ao menino que vai nascer. A anáfora de *incipe*, nos versos 60 e 62, preparadas pelas dos versos 50 e 55, marca o ritmo da canção de ninar com seus retornos. O menino é exortado a conhecer a mãe através do sorriso, como forma de recompensa pelo longo tempo de gestação, *decem menses* (dez meses lunares). O sorriso dos pais é garantia, para o futuro herói, de um destino glorioso, junto com deuses e deusa, pois é próprio do herói a convivência íntima com os imortais.

Para Paul Veyne, esta écloga é um "*pasticho sério* de toda uma literatura política semiclandestina que correu entre o povo durante séculos, a dos Oráculos da Sibila" (VEYNE, 1985, p. 42). Para o mesmo comentador, o Menino não existe, ou se existe, representa todos os meninos e nossas crenças num futuro melhor em que o bem triunfará sobre o mal presente. Uma pitada de ironia resvala, aqui e ali, em meio à seriedade do assunto (VEYNE, 1985, p. 43-4). Propp interpreta como "riso dador de vida" o riso do "deus-menino que ao nascer ri", referindo-se diretamente à quarta bucólica de Virgílio (PROPP, s/d, p. 89). É interessante ressaltar o contraste entre as posições de Veyne e Propp. Se para um o riso virgiliano aponta para a suspensão do caráter místico-profético do relato, para o outro o riso é signo de aprofundamento no conteúdo mítico do poema. Propp vê o riso como um meio mágico de criação da vida, de multiplicação do gênero humano, dos animais e dos vegetais, lembrando que, entre os romanos,

"Risus era venerado como *deus sanctissimus et gratissimus*" (Propp, s/d). Afirma Campbell (1993, p. 169) que o "humor é a pedra de toque do verdadeiramente mitológico".

A quinta Bucólica pode ser considerada o núcleo no qual se cristaliza a concepção mitopoética de Virgílio, que, através do relato da morte e da apoteose de Dáfnis, herói semidivino, inventor da poesia bucólica, a quem Pã ensinou a tocar a flauta (Graves, 1990, p. 63), representa o percurso da alma imortal no seu caminho ascensional rumo à sua integração no divino. Esta écloga apresenta a seguinte estrutura: um diálogo introdutório (v. 1-19), o canto da morte de Dáfnis (v. 20-44), um diálogo intermediário (45-55), o canto da apoteose de Dáfnis (v. 56-80) e o diálogo final (v. 80-90). Diferentemente da écloga III, o canto aqui não envolve uma disputa efetiva. Ao contrário, os cantores se esmeram no elogio recíproco, ainda que se permitam uma sutil ironia.

No diálogo introdutório, Menalcas interpela Mopso e o convida, depois de um autoelogio e de reconhecer o talento do outro, a sentar-se entre olmos e aveleiras, para cantarem e tocarem juntos (v. 1-3). A réplica de Mopso é, além da aceitação do convite, oportunidade para descrever o cenário bucólico do poema: a parte externa e a entrada de uma gruta, ornada de cachos de uva silvestre. No verso 7, Menalcas introduz o nome de Amintas, como combatente à altura de seu interlocutor. A isto responde Mopso, no verso seguinte, com ironia, que Aminta se julga páreo para o próprio Apolo. Nos versos 10-12, Menalcas sugere alguns temas a Mopso, como os amores de Fílis, o louvor de Álcon ou a censura a Codro. Atente-se para o uso anafórico do imperativo *incipe*, que reforça o empenho do convite. Mopso responde que, primeiro, vai ensaiar os versos que compôs e escreveu na verde faia e, com irônica solenidade, provoca o amigo a chamar Amintas para um duelo.

Com símiles (v. 16-19) que evocam o cenário bucólico, Menalcas tranquiliza Mopso quanto à sua superioridade no canto e, solicitando que esqueça o rival, introduz o seu interlocutor na gruta, para que este entoe o seu canto sobre a morte de Dáfnis (v. 20-42). Os primeiros quatro versos apresentam Dáfnis morto, pranteado pelas Ninfas, e a mãe, abraçada ao corpo, acusando os deuses e os céus de crueldade. Os versos 24-28 descrevem a ressonância que a morte de Dáfnis teve na natureza: naquele dia nem os homens trabalharam, nem os animais domésticos beberam água ou pastaram e até as feras selvagens choraram, fazendo ressoarem as montanhas e a selva. Os versos 29-31 põem em evidência as virtudes de Dáfnis como domador de feras e como instaurador do culto de Baco. Para dar conta desta conexão misteriosa, relaciona-se Dáfnis com os deuses ctônicos que morrem ou habitam em certa época do ano o inframundo (Baco, Perséfone), personificando o ciclo da produção agrícola; Dáfnis representa, no entanto, um outro estágio do misticismo, onde a alma, desligada do corpo inumado, ascende à esfera celeste. Assim, podemos falar de um orfismo, como uma religião reformada de Baco, segundo o espírito de Apolo (TRINGALI, 1990, p. 15), pois, à diferença daqueles, Dáfnis não é um deus que retorna, mas um deus que ascende. A sua morte é um momento de desordem e carência, mas não tem o caráter de repetição dos outros mitos. A sua morte é um fato único e irreversível. Mas, como se trata de um herói semidivino, a sua morte representa uma passagem para o mundo dos deuses, com os quais conviverá doravante no Olimpo.

A apoteose de Dáfnis é o assunto do canto de Menalcas (v. 56-80). Esta epifania de Dáfnis exaltado desencadeou uma série de manifestações espantosas envolvendo toda a natureza, como lobos em paz com os cordeiros; os homens renunciando à caça aos animais; montanhas e rochedos gritando de alegria e aclamando o deus que traz a paz (PERRET, 1982, p. 226). A apoteose de Dáfnis desencadeia uma Idade de Ouro na terra, de forma que esta quinta Bucólica mantém com a anterior o mesmo pano de fundo, as mesmas esperanças messiânicas de uma nova era regida pela paz propiciada pelo advento ou pela morte de uma alta personagem humana investida de caracteres divinos.

A sexta Bucólica apresenta-nos Sileno, divindade campestre surpreendida dormindo, a emitir a contragosto um belíssimo canto sobre a origem do cosmos, a aparição dos homens e dos animais, o dilúvio, o repovoamento do mundo, as grandes expedições míticas, histórias de amor e metamorfoses dos seres míticos, acompanhado pela dança dos faunos, das feras e dos carvalhos. Apesar do grande número de mitos, são três os motivos principais amplamente desenvolvidos nesta Bucólica: o nascimento do mundo (v. 31-40), o mito de Pasífae (v. 45-60) e a consagração de Galo (v. 64-73). Assim, associado ao nascimento do mundo, vem o tema do aparecimento da humanidade, da Idade de Ouro, do roubo do fogo por Prometeu; e, em torno do mito de Pasífae, evocam-se os mitos das filhas de Preto, do argonauta Hilas, de Atalanta e das irmãs de Fáeton, todos gravitando em torno da experiência amorosa (BÜCHNER, 1986, p. 268).

O canto de Sileno incorpora a temporalidade cíclica das origens e elide passado, presente e futuro. O caos aparente de suas enumerações é representação imagética da luta dos elementos primordiais para vencer o vazio, o informe, superar o monstruoso e iluminar a escuridão; pois, a "transformação do *caos* em *cosmo* é a passagem das *trevas* para a *luz*, da *água* para a *terra*, do *vazio* para a *substância*, do *amorfo* para o *formalizado*, da *destruição* para a *criação*"(MIELIETINSKI, 1987, p. 240). Esta écloga tem a sua unidade no entrelaçamento de três grandes tópicos da pastoral: o homem, a natureza e a poesia (LEACH, 1968, p. 14). É interessante perceber a interação desses tópicos. A potência mágica do canto de Sileno é o fio condutor que une homem e natureza, na trama dispersiva do mito.

A integração da dimensão metapoética no poema assume formas variadas, através das quais o poema se representa a si mesmo em sua gênese e intenção, e o poeta, não falando de outra coisa que do ato mesmo da escrita, procura, no deslocamento das palavras e das imagens, representar a sua arte (DEREMETZ, 1987, p. 764). Tal é o sentido da expressão *carmen deductum* (v. 5), que guarda uma relação com a atividade de tecer. *Deductum dicere carmen* relaciona-se à *pinguis pascere ouis*, como atividades atribuídas ao pastor por Apolo. O poeta estabelece uma relação metafórica entre as duas expressões, ao juntá-las numa só sentença, opondo *deductum* a *pinguis*, mas aproximando *carmen* a *ouis*, animal produtor de lã, cujos fios encadeiam e direcionam a errância que existe no ato de tecer, pastar ou cantar. Neste sentido, o poema virgiliano é absorção e transformação de material poético disponível, e se inscreve como uma continuidade, sendo o dialogismo que ele pratica uma forma de *deductio* (DEREMETZ, 1987, p. 772).

A atitude do poeta, que Virgilio partilha com os seus precursores, consiste em resolver, com uma técnica específica, o movimento desordenado das palavras, das imagens e do sons, dar-lhes um sentido, pondo-os nos limites de uma forma acabada. "O poema é uma errância e uma abertura ao mundo que se mostra, no entanto, sob a imagem de uma totalidade fechada e imóvel" (DEREMETZ, 1987, p. 773). O canto de Sileno se apresenta como um catálogo paratático de temas mais ou menos autônomos, entre cujos episódios o poeta estabelece laços e ressonâncias. A linearidade aparentemente infinita da errância dos temas e as digressões do percurso poético são controladas pela simetria rítmica e temática, de tal forma que, por exemplo, o mito de Pasífae prolonga o canto cosmogônico e a consagração de Galo pelas musas repete a eleição de Virgílio por Apolo, numa circularidade que une o princípio e o fim do poema.

O canto de Sileno, pela sua potência mágica de presentificação, faz existir as coisas no momento mesmo em que as enuncia. Sileno não apenas canta as metamorfoses das irmãs de Fáeton, ele as transforma realmente em árvores (LIEBERG, 1982, p. 261). Trata-se da concepção segundo a qual o artista não imita as coisas sensíveis, mas, pela sua obra, torna sensíveis as coisas que contempla. Virgílio faz com que tudo isso seja possível exacerbando a técnica de estruturação do texto como um mosaico. A consciência da dimensão icônica da palavra poética já está expressa na dedicatória a Varo, em forma de *recusatio*, quando alude à *pagina* do poema. A ligação sintática entre uma história e outra se faz por meio de pequenas fórmulas narrativas como *nanque canebat* (v. 31), *refert* (v. 42), *his adiungit*, (v. 43), *tum canit* (v. 61), *tum* (v. 62), *utque* (v. 66), *ut*; *quid loquar*, (v. 67), *aut* (v. 74 e 78) e *omnia* (v. 82), sem, por isso, anular a verticalidade das figuras míticas no espaço da página ou na dimensão temporal do canto.

A sétima Bucólica contrasta vivamente com as três anteriores. É como se fosse um interlúdio, uma variação sobre o mesmo tema da terceira Bucólica, depois de acordes exaltados. O poeta testa virtuosisticamente a própria linguagem poética, reafirmando a sua supremacia diante das outras tarefas do cotidiano e fazendo circular as mesmas imagens míticas que marcam o ritmo do eterno retorno das estações e dos astros dentro da obra. O poema se constitui de um prólogo, em que Melibeu introduz o tema da competição musical entre os pastores Córidon e Tírsis (v. 1-20), seguido do canto alternado (v. 21-68) e do veredito de Melibeu (v. 69-70).

No prólogo, Melibeu evoca a presença de Dáfnis, símbolo da poesia bucólica, sentado sob uma ressonante azinheira (v. 1). Mesmo que este Dáfnis fosse um pastor comum, como querem alguns comentadores, e não o herói divinizado da quinta Bucólica, só a força do nome *Dafnis* em posição de destaque no primeiro verso já introduz o leitor no mundo bucólico, com seu território imantado pela presença do divino em meio a uma natureza reverberante. A repetição em quiasmo dos nomes dos pastores Córidon e Tírsis (v. 1-3) é uma maneira icônica de sublinhar a reunião dos rebanhos e de introduzir a alternância que caracteriza o canto *amebeu*. No momento do canto, a atividade regular de pastorear o rebanho é interrompida, ou deixados à própria sorte os animais em sua errância. Tírsis e Córidon são árcades, exímios pastores, treinados na arte do canto (v. 4-5). Assim os apresenta Melibeu, também envolvido na lida do campo, e instado por Dáfnis a presenciar a competição musical (v. 6-12). Virgílio transporta a Arcádia para as margens do Míncio, o rio de sua aldeia natal, numa operação em que naturaliza a Arcádia e introduz a sua região na geografia do mito, pois para Virgílio os nomes de pontos geográficos, do rios e montes são evocados como espaços de manifestação da presença do sagrado. A mesma energia epifânica emana também das plantas, dos animais e dos fenômenos da natureza.

O canto entre os pastores se estrutura como *ludus*, jogo (v. 17), atividade diferenciada das tarefas cotidianas (*seria*), cuja finalidade reside nele, transporta os seus participantes para outro tempo e outro espaço, tem suas próprias regras e seus critérios de excelência. Neste jogo, do qual não se excluem a ironia e o ataque, duas estratégias lúdicas são discerníveis: o espelho e a superação do adversário, pois, à medida que o segundo cantor é sempre obrigado a assimilar o que outro diz, o tema se reflete sempre na resposta, sempre como inversão ou superação do que foi dito. "Os processos de reversão e de superação se revelam como estratégias paradigmáticas do jogo, pois sempre acrescentam algo diverso ao que existe, ou ao que é dito" (ISER, 1996, p. 42-43). Ganha, pois, este jogo quem melhor manejar as potencialidades do canto.

Na primeira dupla de quartetos (v. 21-28), Córidon invoca as Ninfas Libétrides, solicitando um canto como o de Codro, próximo ao de Apolo. A réplica de Tírsis é no sentido da afirmação orgulhosa de suas qualidades, desqualificando jocosamente a figura de Codro. Na segunda dupla de quartetos (v. 29-36), Córidon invoca Diana sob o epíteto de Délia, e, dentro do contexto da caça, promete fazer-lhe uma estátua de mármore. A isto responde Tírsis com Priapo, uma divindade menor, um deus de jardim, representado por uma imagem de madeira, que, na exageração de Tírsis se tornou de mármore, e com a promessa de vir a ser de ouro.

Na terceira dupla de quartetos (v. 37-44), o tema é uma cena vespertina de pastores, primeiro, um convite à amada, cujas qualidades são comparadas ao timo do Hibla, ao cisne e à hera. A réplica de Tírsis inverte as qualidades expostas por Córidon, comparando-as com outras duas espécies vegetais e um animal e expressa enfado e impaciência , numa variação do tema do apaixonado que espera.

Na quarta dupla de quartetos (v. 45-52), Córidon invoca a natureza circundante, fontes, relva, o medronho, não na sua imobilidade, mas no seu devir, no devir das estações. Tírsis replica com uma cena de inverno para afirmar, desdenhosamente, a sua despreocupação com o fluxo do tempo. Na quinta dupla de quartetos (v. 53-60), Córidon continua dentro do tema do amor, agora trazendo à memória o nome do formoso Aléxis em relação íntima com a natureza, o mesmo fazendo Tírsis com Fílis. A última de dupla de quartetos (v. 61-68) insiste nesta relação entre a natureza e o amor. A cada divindade corresponde uma planta, mas nenhuma superará aquela escolhida por Fílis, declara Córidon. Por sua vez, Tírsis, depois de ressaltar a beleza de quatro árvores, relaciona a beleza de Lícidas à sua constância no amor. Nos dois versos finais do poema (v. 69-70), Melibeu retoma a palavra para anunciar o veredito em favor de Córidon sem, contudo, dizer as razões da preferência. Há quem queira ver erros e imperfeições nos versos atribuídos a Tírsis, o que é um contrassenso (ROSSI, 1971, p. 16). Arrisco-me a dizer que Córidon vence Tírsis, não por uma questão de técnica poética, mas porque representa melhor o ideal do poeta árcade, em sintonia e equilíbrio com a natureza e os deuses.

A oitava Bucólica compõe-se de um prelúdio e dois movimentos: o primeiro, sobre uma paixão não retribuída e que termina em suicídio, e o segundo, sobre a ausência do objeto da paixão, magicamente instado a retornar. O poeta anuncia, nos cinco primeiros versos do prelúdio, o assunto de seu canto que, afinal, é o que cantaram os pastores Alfesibeu e Dámon num memorável duelo musical, cuja ressonância afetou o curso normal da natureza, caracterizando-se como um momento mágico, de unidade só conseguida na circularidade do canto, como iconicamente representa a repetição quase total do verso 1 no 5, qual uma moldura para um cenário órfico, em que animais domésticos, ávidos de pastagem, animais ferozes e a natureza escutam, parados, em êxtase, o canto dos dois pastores (TANDOI, 1988, p. 268). Do verso 6 ao 13, tem-se uma dedicatória não explícita, em que o poeta repete o esquema da *recusatio*, forma de elogio de alta personagem militar, sem, contudo, o poeta aderir ao estilo épico, com que as suas façanhas mereceriam ser lembradas, ou ao trágico, já que o homenageado (segundo a maioria dos comentadores, o mesmo Pólio da III écloga) era um autor de tragédias. O prelúdio termina anunciando o fim da noite, momento propício para se levar o gado ao pasto. O poeta cede a palavra ao pastor Dámon (v. 14-17), que começa o seu canto com uma prece saudando o dia que chega e queixando aos deuses o seu infortúnio de amante traído, no momento paroxístico de seu drama.

O verso 21 é o estribilho do canto de Dámon, no qual o poeta, aludindo ao monte Ménalo, situa o seu drama na Arcádia. Os versos 22-24 têm a função de descrever este cenário, onde uma natureza animada e participante ressoa o canto dos pastores-poetas, pois este cenário é a pátria de Pã, a Arcádia. Neste primeiro movimento (v. 17-62), a morte se apresenta a Dámon como a única saída frente ao impasse amoroso com Nisa. A impossibilidade de unidade no amor provoca o desejo de uma unidade mais radical. O mergulho definitivo nas águas, através do salto de uma rocha altíssima, simboliza o desejo de libertação da matéria e de comunhão com o divino. A descoberta de um túmulo pitagórico contendo, em relevo, cena semelhante (MENDES, 1985, p. 150-151), autoriza-nos esta interpretação. No *Asno de ouro* de Apuleio, o herói Lúcio, em sua iniciação aos mistérios de Ísis, depois de uma morte voluntária chega ao reino da morte a fim de obter o seu dia de nascimento espiritual. Nos mistérios de Cibele, o neófito é tido como *moriturus* "o que está para morrer" (ELIADE, 1975, p. 45). *Moriturus*, particípio futuro do verbo *morior* ecoa em *morientis*, particípio presente do mesmo verbo, empregado no verso 60.

Depois do primeiro movimento, dois versos intermediários (v. 63-64) introduzem, com uma nova invocação às musas, o canto de Alfesibeu, descrevendo um ritual de magia, através do qual Amarílis tenta trazer de volta, da cidade para casa, o seu amado Dáfnis. Tal como no primeiro episódio, um estribilho (v. 69) acompanha toda ação. Neste segundo movimento (v. 65-110), a magia atua como instrumento para reatar o que está desligado. Através de palavras encantatórias e de rituais mágicos, busca-se reaver o objeto amado, num movimento que vai de uma angustiada espera ao ódio declarado. Frazer descreve dois tipos de magia: *magia homeopática ou imitativa*, que, fazendo uso da lei de semelhança, crê poder atingir alguém, através de um objeto substituto que guarde com ele uma relação de semelhança; e *magia contaminante*, que, fazendo do uso da lei do contágio, crê poder atingir alguém por meio de um objeto substituto que tenha tido com ele uma relação de contiguidade. À junção dos dois tipos, denomina *magia simpatética* (FRAZER, 1994, p. 33-36). No poema, ambos recursos são utilizados, a efígie de Dáfnis e um objeto por ele deixado como penhor de seu retorno. Fica evidente aqui a estreita ligação entre magia e poesia, pois ambas se utilizam dos mesmos esquemas mentais para se constituírem como linguagens simbólicas eficazes (JAKOBSON, 1977, p. 61). Ambas operam com metáforas e metonímias, e não é arbitrariamente que, em latim, a palavra *carmen* ora significa poesia, canto, ora significa palavras mágicas, encantamento.

A nona Bucólica retorna ao tema dos pastores-poetas espoliados de suas terras. Revela a impotência da poesia frente às armas, ao mesmo tempo que reafirma o seu poder contra o tempo que tudo devora. O poema começa com uma pergunta, na qual se delineia o conflito entre o mundo dos pastores e a cidade. A resposta de Méris a Lícidas não aborda diretamente a pergunta. É um desabafo sobre a sorte adversa dos pastores que um confisco de terras na região de Mântua e Cremona, após a batalha de Felipe em 42 a.C., expropriou em favor de veteranos, aos quais possivelmente estavam indo levar tributos na cidade (v. 2-6). Lícidas, descrevendo sinteticamente a propriedade de Menalcas, pergunta se é verdade que ele conservou o seu domínio por causa do prestígio de seus versos (v. 7-10). Méris expõe a impotência da poesia frente ao poder das armas, pois, se não fossem os conselhos de um oráculo, já teriam perdido a vida, tanto ele quanto Menalcas (v. 11-16). Lícidas espanta-se diante da possibilidade de ser privado de ouvir os cantos de Menalcas, citando-lhe um trecho, no que é seguido por Méris, que cita uma dedicatória de Menalcas a Varo, reportando-se ao conflito que atinge os pastores de Mântua (v. 16-29).

O tema da justiça é essencial ao pensamento mítico, para o qual qualquer desequilíbrio na ordem social representa uma ameaça à ordem cósmica, pois "a ordem social não é senão o aspecto que entre os homens assume a ordem da natureza" (TORRANO, 1992, p. 37). Nesta direção cabe reavaliar os indícios de culto ao imperador expressos na primeira Bucólica, com a qual a nona está em estreita ligação, considerados muitas vezes como bajulação com vistas à obtenção de favores pessoais, para inseri-lo no esquema mítico de administração da justiça, no qual os governantes, através do uso correto e eficaz da palavra, "colaboram com a manutenção desta ordem cósmica, com o que asseguram à sua comunidade o equilíbrio, a opulência e o futuro próspero" (TORRANO, 1992, p. 37), pois, quando o rei se omite de exercer a justiça, logo a comunidade se vê vítima de calamidades, fome, esterilidade das mulheres e do gado (DETIENNE, 1988, p. 29).

A atividade do poeta, no ambiente da poesia bucólica, é poetar e cantar. A tentativa de um poeta de induzir na realidade exterior um político a tomar uma providência desejada é um tema que se deixa representar em um poema bucólico apenas quando o poeta age nesta tentativa como poeta (SCHMIDT, 1972, p. 106). A écloga apresenta, pois, o poeta enquanto canta uma canção incompleta e promete um elogio da própria natureza, como coroamento da ação do benfeitor. Os sete versos sucessivos (v. 30-36) formam uma sessão quase à parte. Lícida incita Méris a cantar. O verso 33, com Piérides no início, é o verso central da écloga. O verso precedente termina com poeta, e o seguinte é aberto com vate, duas palavras significativas, de conteúdo similar, que se apoiam, uma de cada lado, ao verso central, numa simetria axial rigorosa (SCHMIDT, 1972, p. 107).

Méris replica, lembrando-se de trecho de uma canção de Menalcas, com assunto tipicamente pastoril, ao qual contrapõe outro de acento cósmico-político, com alusão a César, sob o qual repousam a bênção e a esperança no futuro (v. 44-50), numa formulação nova da ideia de um homem salvador. Cansado, Méris apela para a sua idade avançada, alegando problemas de voz e memória, além do mau-olhado dos lobos, confiando poder, contudo, ouvir ainda o próprio Menalcas. A referência a Menalcas mostra que ele vive ainda no mundo dos pastores e que nada de irreparável lhe aconteceu (BÜCHNER, 1986, p. 291).Têm-se, portanto, os primeiros sinais da confiança de Méris no retorno de Menalcas, de quem até então sabíamos que tinha sido espoliado de seus bens, tinha corrido risco de vida e que estava ausente. A sua volta se torna certeza e promessa de um canto novo: promessa com que se fechará esta Bucólica (RONCONI, 1988, p. 339).

A décima Bucólica começa com um prólogo (v. 1-8) com uma invocação do poeta à ninfa Aretusa, para que esta o inspire na fatura deste que será o seu último trabalho no gênero bucólico. No segundo verso, vem o nome de Galo, poeta elegíaco, político e militar romano, ao lado do de sua amante infiel, Licóris. É como poeta elegíaco e amante abandonado que Galo, amigo de Virgílio, será retratado no poema em sua apoteose na Arcádia, onde será introduzido e gozará da companhia dos deuses. Depois de perguntar às Náiades (v. 9-25) onde estavam que não acudiram Galo, quando ele estava morrendo de amor, ou melhor, por que elas não o inspiraram a compor um canto elegíaco, para se curar do mal do amor, Virgílio faz desfilar diante de Galo figuras campestres: plantas, animais, homens e deuses, com o intuito de fazê-lo compor um poema bucólico, mas até mesmo Apolo e Silvano deixam-no indiferente (STÉGEN, 1953, p. 72). Mas o cortejo continua. Pã se dirige a Galo, que lhe responde sem prometer escrever um poema bucólico, mas reconhecendo o talento dos pastores árcades e manifestando que os seus amores sejam o assunto do canto deles (v. 26-34). Nos v. 35-41, Galo se imagina um pastor, vivendo os seus amores, sem preocupações à sombra das árvores. A partir do verso 41, Galo se dirige à sua amada ausente e lhe apresenta a Arcádia, onde eles teriam podido viver o seu idílio, para logo em seguida, lamentar a situação da amada, que se encontrava à época na paisagem hibernal dos Alpes, acompanhando um outro militar em campanha (v. 41-49).

Nos verso 50-69, Galo expressa seu desejo de ir à Arcádia, cantar no estilo bucólico os assuntos que ele cantava no estilo elegíaco, além de caçar, como forma de remediar a sua dor, mas, logo em seguida, retorna ao desespero do início, pois, para Galo, o Amor vence tudo. A renúncia de Galo interrompe de modo definitivo o contato entre a elegia e a Bucólica. Nos versos finais (v. 70-77), em meio a uma nova invocação às Musas, o poeta bucólico reconsidera com um gesto reflexivo a sua composição. Sereno, o pastor segue tecendo a sua poesia (CONTE, 1988, p. 368). A décima Bucólica, "texto escrito sobre outro texto ou mais exatamente sobre outro gênero literário" (VEYNE, 1985, p. l58), canta a paixão de Galo, poeta, cultor da elegia romana, por Licóris, ao mesmo tempo em que, operando metalinguisticamente, incorpora ao gênero bucólico as qualidades da elegia erótica. Ressalta-se o "jogo" que envolve essa operação, baseado na oposição real-convencional que se desenvolve nas situações em que há um "texto no texto" (LOTMAN, 1992, p. 259). Este artifício do "texto no texto", podemos estendê-lo ao uso dos temas mitológicos em geral nas *Bucólicas*, pois todo texto "é um espaço semiótico dentro do qual as linguagens interagem, interferem e se auto-organizam hierarquicamente" (LOTMAN, 1992, p. 253). Importa, pois, que "a escritura orientada para o mito seja fruto de uma exigência interior, de uma necessidade de escrever e narrar" (SALSANO, 1993, p. 15).

Os dramas representados por Virgílio, sejam políticos ou amorosos, são transportados para um cenário à parte, imantado de deuses e exuberante natureza, a Arcádia, mundo paralelo, onde pastores cantam, pastoreiam e entram em contato com o divino. É claro que esse reino de utopia encerra contradições, "dissonâncias entre o sofrimento humano e o ambiente sobrenaturalmente perfeito". Como vimos, Virgílio não apaga os conflitos. Eles são matizados pela "tristeza vespertina" e pela beatitude. "No final das *Éclogas* de Virgílio, sentimos a noite descendo, silenciosamente, sobre o mundo" (PANOFSKY, 1979, p. 383). Noite, divindade primordial e metáfora órfica que em si tudo reconcilia, é um outro nome para morte, sujeito-emissor da inscrição humanística *Et in Arcadia ego*, que uma magistral leitura iconográfica ensinou a traduzir corretamente como "Até na Arcádia eu estou" (PANOFSKY, 1979, p. 392). A Arcádia, longe de ser um lugar de evasão da realidade, como tem sido interpretada, constitui um interstício dentro desta realidade, pela projeção, nela, de um mundo desejável, uma espécie de *ónfalos*, microcosmo, espaço sagrado, portanto, real, que, ao tornar visível a imperfeição do mundo existente, fornece-lhe um modelo para a sua regeneração (RUEDAS DE LA SERNA, 1995, p. 50).

Levando em conta o conceito de "semiosfera" de Lotman, procurei recriar em português, atento às características do idioma em que foi criado o poema, o universo mental, simbólico, diacrônico, em que se inscreve, se desdobra e instaura sentidos, em seus modos múltiplos de permanência e devir. Negligenciar, na tradução, as associações e traços culturais do texto original é o mesmo que privar de todo o significado tal atividade artística, pois a tradução, mormente a de textos de poesia clássica, não pode cancelar os dados da cultura e da mentalidade da época, sem ao mesmo tempo anular-se a si mesma (ETKIND, 1989, p. 69).

De tradução a traduções

Neste ponto, procederei a uma análise das traduções poéticas das *Bucólicas* levadas em consideração neste trabalho, comparando trechos selecionados, tendo em vista o grau de dificuldade, a diferença ou semelhança das soluções propostas, além de outros aspectos que procurarei evidenciar no momento mesmo do cotejo que farei entre os diversos textos. O ponto de partida do meu comentário será sempre a minha tradução, de tal forma que eu possa reconstituir, numa espécie de operação inversa, o meu percurso de tradução. Serão levados em conta, aqui, além dos aspectos semânticos que toda operação tradutora envolve, outros que dizem respeito ao discurso poético em particular, tais como as configurações sonora e icônica dos versos.

Enrico di Lorenzo (1988), que estudou as aliterações nas éclogas de Virgílio, descreveu, com abundância de exemplos, a complexa estrutura aliterativa dos versos virgilianos, que, esquematicamente, reproduzo aqui, apenas para se ter uma ideia da complexidade da questão, e também para dar ao leitor das *Bucólicas* uma possível clave para uma leitura paralela da tradução com o original:

1. aliterações bimembres;
2. aliterações trimembres: sem inserção de vocábulos não aliterados, com uma inserção, com duas ou mais inserções;
3. aliterações quadrimembres com inserções;
4. aliterações quíntuplas com inserções;
5. estruturas aliterativas complexas: aa bb, ab ab, ab ba;
6. aliterações complexas com inserções; aa bb, ab ab, ab ba, aa bbb, ababa, aabbba, abacbc, abcbddca/ad com *enjambement*.

Para se ter uma ideia da dimensão do uso de estruturas aliterantes nas *Bucólicas*, basta saber que, dos seus 830 versos, 230 contêm algum destes esquemas aliterativos. Isso se entendermos por aliteração apenas as recorrências sonoras no início das palavras, como comumente se faz. Mas, se tomarmos a aliteração como um conjunto de sons semelhantes, consoantes ou vogais, não somente no início, mas também no interior e no final das palavras, como quer Michenaud (1953, p. 343-78), a incidência de aliterações se expande em todo o texto e é, então, melhor que falemos, não de aliterações, mas de paronomásia generalizada, para entender o tecido sonoro da obra. Apesar de seu esquematismo e rigidez conceitual, usei o livro de Enrico di Lorenzo como um mapa. Por causa dele, fiquei particularmente atento aos esquemas aliterativos apontados e tentei refazê-los em português, seja nos mesmos versos em que ocorriam no original, seja, por um processo de afloramento quase natural, como compensação, em outros lugares do texto. Confesso, também, que isso desencadeou internamente em mim uma atitude lúdica não só na leitura do texto em latim, como na manipulação das palavras em português, no ato de traduzir, como se eu estivesse fazendo vibrar esta venerável língua morta no corpo vivo da nossa, numa espécie de transe sígnico.

É importante deixar claro que entendo a aliteração, em particular, ou a paronomásia, em geral, como um elemento que faz parte de uma estrutura mais ampla que é o ritmo, seja ele musical ou visual. A aliteração repousa sobre o fato de que os sons podem ter um valor expressivo, mas este valor não é autônomo, pois o som não existe como uma unidade independente. O valor expressivo do som deve ser percebido em seu ambiente sonoro. Daí que, operando de uma forma mais orgânica a noção de música verbal, persegui, nos versos que criei para que Virgílio pudesse falar com algum encanto a nossa língua, uma espécie melódica que privilegiasse a concisão, o corte, a dissonância e os contrastes entre os sons, em lugar de me deixar levar pela fluidez de uma melodia fácil e redundante. Penso ser ocioso tipificar estas marcas estruturais, que são as aliterações, comparando-as com fenômenos da natureza, como gostam de fazer certos críticos naturalizantes, que captam a melodia dos versos como redundância em relação ao significado aparente das palavras e não como informação nova, abertura para novas possibilidades de sentidos ou de irradiação e expansão do signo para além da clausura do sentido que uma sintaxe rígida quer determinar.

Outro traço característico do estilo de Virgílio, poeta sensível às impressões sonoras, é a repetição de esquemas sintáticos e métricos, de palavras, de fórmulas, de versos inteiros ou grupos de versos, a breves ou longos intervalos, dentro de uma obra ou em obras diversas (Marouzeau, 1931, p. 237-238). Ainda que este procedimento tenha motivações diversas e seja utilizado consciente ou inconscientemente pelo poeta, não há como negar que com ele o poeta queira enfatizar certas realidades descritas pelas palavras, sejam nomes de divindades, heróis, ou expressões de súplica e indignação; ou, apenas, que o poeta queira chamar a atenção para o poder mágico das palavras, numa espécie de metalinguagem rítmica e encantatória.

Partindo desta discussão mais geral, apresento, nas páginas que se seguem, uma seleção comentada de trechos das traduções de Silva Ramos, Odorico Mendes e Paul Valéry, em que busco desvendar o móvel e a origem de certas soluções textuais dos tradutores envolvidos, bem como aponto os pontos fracos e luminosos de cada um e os percalços e hesitações que tive de enfrentar no processo de criação do texto que apresento como minha tradução das *Bucólicas* de Virgílio.

Primeira Bucólica

Buc. I, 1-5

Este trecho apresenta no v. 1 uma aliteração trimembre com inserção (tt-t), uma aliteração bimembre (mm), no v. 2, outra aliteração bimembre (tt) no v. 4, anáfora de *nos* nos v. 3 e 4, uma estrutura quiasmática *Tityre, tu...nos/ nos...tu, Tityre*, como também recorrências sonoras entre as palavras *patulae, patriae, patriam*; *fagi, fines, fugimus* e *formosam*; *auena, arua* e *Amaryllida*; *dulcia, doces*, como subespécie de aliteração que ultrapassa o limite do verso. A minha tradução reconstitui, assim, estes elementos: no v. 1, uma aliteração bimembre (tt), no v. 2, outra aliteração bimembre (tt), no v. 3, uma aliteração bimembre com inserção (d-d), uma aliteração trimembre com inserção no v. 4 (tt-t), e uma aliteração bimembre com inserção no v. 5 (f-f). Mantenho, também, a estrutura quiasmática *Títiro, tu...nós/nós...tu...Títiro*, e a anáfora *nós/nós*, além de recriar algumas das recorrências sonoras próximas do original *sentado, silvestre, sombra, selva; faia, flauta, fugimos, formosa*.

Odorico Mendes, que traduz estes cinco versos em seis decassílabos, reconstitui de forma sintética a sonoridade virgiliana através dos pares aliterados em *tênue/entoas; da/deixamos; selva/sombra*. Mantém a repetição do vocábulo *pátria*, e a recorrência sonora entre *faia, fins, fugimos* e *formosa*. O quiasmo do original se transforma em *Tu... nós... Títiro... nós... tu*, uma estrutura econômica, em que o vocativo *Títiro* centralizado reforça o contraste entre os dois personagens.

As soluções propostas por Silva Ramos, talvez por causa do uso de uma medida longa, parecem não atender ao princípio de economia verbal da poesia. Em sua tradução, Títiro aparece *deitado*, e não reclinado ou sentado, posição mais verossímil para se tocar a flauta e que melhor traduziria o particípio presente *recubans*. A flauta virou *frauta*, um arcaísmo sem ganho estético algum. Também, o quiasmo original se dilui e se perde na não repetição do vocativo *Títiro* e na tríplice repetição do pronome *nós*, apenas por necessidade métrica, o que desequilibra bastante o sentido de contraste que a expressão originalmente impõe. *Nós a pátria fugimos* deriva de Odorico (*a pátria nós fugimos*), que causa estranheza pelo uso incomum do verbo *fugir* como transitivo direto, como no original latino, no sentido de abandonar. A solução *fazes a selva ecoar*, em que *fazes* traduz *doces* (literalmente, ensinas), deriva de Valéry (*Tu fais chanter au bois*). Contrapondo-me, quase integralmente a esta solução de Silva Ramos para o primeiro hemistíquio do v. 5, adotei a forma anagramática *levas*, retirando, contudo, o artigo definido antes de *selva*, economizando uma sílaba e mantendo o hiato do verbo *ecoar*. Além do que, penso, o simples corte do artigo pode contribuir para reforçar a ideia de uma natureza dotada de vontade e interessada no canto dos pastores. No segundo hemistíquio deste mesmo verso, Silva Ramos traduz o acusativo grego *Amaryllida* por *o nome de Amarílis*, como Valéry (*le nom d'Amaryllis*). Eu preferi apostar na elipse do original, uma vez que o que está ecoando não é apenas o nome da pastora, mas toda a canção que lhe é dedicada, e isto está claro no contexto. Silva Ramos, ao traduzir *siluestrem musam* por *silvestre musa*, na esteira de Odorico, força o sentido da palavra musa em português. Em grego, o sentido primeiro da palavra musa é canção, e é nesta acepção que Virgílio a utiliza neste passo. Manter este tipo de literalidade destrói a significação do verso e compromete o conjunto. Outra solução que merece reparo é o uso da palavra *sombra* no v. 1, que, embora traduza bem o ablativo *tegmine*, deveria ser evitada em função do aparecimento de *umbra* no v. 4, pois cria uma repetição ociosa de um termo de grande significação para a obra, lá onde o poeta procurou variar. *Lentus*, palavra de largo emprego nas *Bucólicas*, ora se referindo à pessoa, ora à planta, tem no caso em questão o sentido de despreocupado e, portanto, *vagaroso* não remete imediatamente a esta ideia. Parece mais ecoar o *pausado* da tradução de Odorico do que o *lentus* do original. Eu preferi seguir a lição de Valéry, traduzindo-o por *tranquilo*, com o que pude compensar a aliteração trimembre do v. 1 do original no v. 4 da tradução. Confiramos a tradução de Silva Ramos:

> Ó Títiro, deitado à sombra de uma vasta faia,
> aplicas-te à silvestre musa com uma frauta leve;
> nós o solo da pátria e os doces campos nós deixamos;
> nós a pátria fugimos; tu, na sombra vagaroso,
> fazes a selva ecoar o nome de Amarílis bela.

Valéry, em sua tradução, como que querendo criar um *incipit* memorável para o poema em francês, faz rimar os dois versos iniciais (*hêtre/champêtre*). Às aliterações do original, ele responde com outras aliterações e ressonâncias: *Tityre/ tandis; l'aise/ le hêtre; Tu, cherches/ ta, champêtre; toi/ tranquille,* além de ecos entre os versos como na sequência *terroir... toi... bois.* A sequência *toi, tranquille* é homófona àquela do *incipit* de seu célebre poema *Le cimetière marin,* e funciona como uma espécie de assinatura do poeta à sua tradução. A estrutura quiasmática é ligeiramente modificada e amplificada em função da estrutura lógica da língua francesa que requer a duplicação enfática dos pronomes *nous, nous; toi, tu.* À anáfora do original nos v. 3 e 4, Valéry responde com uma dupla de anáforas nos v. 2 e 5 (*tu*) e nos v. 3 e 4 (*nous*), redesenhando, assim, a significação do original sob uma nova figura, ao mesmo tempo anafórica e quiasmática:

> Ô Tityre, tandis qu'à l'aise sous le hêtre,
> Tu cherches sur ta flûte un petit air champêtre,
> Nous, nous abandonons le doux terroir natal,
> Nous fuyons la patrie, et toi, tranquille à l'ombre,
> Tu fais chanter au bois le nom d'Amaryllis.

Buc. I, 6-10

Nestes versos, cabe ressaltar o uso enfático da linguagem formular religiosa, primeiro com o vocativo *Meliboee* introduzido pela interjeição *o*, que reverbera nas sílabas *bo*, e *o* de *Meliboee* e *otia* (v. 6), formando um par aliterado, com inserção (o-o); e também a sequência de repetições de palavras como *deus, ille, illius, ille,* características da linguagem religiosa. Na minha tradução, procurei ressaltar estes elementos, mantendo o vocativo introduzido pela interjeição *ó*, cujo som se expande em *nós* e *ócio*. Mantive também a tríplice repetição *ele/dele/ele*, para marcar a solenidade que envolve a situação descrita.

Odorico Mendes consegue nesse trecho um decassílabo para cada hexâmetro, sem prejuízo do conteúdo. Mantém o par aliterado (o-o) e cria outro (dd) no mesmo verso. Nos versos seguintes, cria vários esquemas complexos de aliterações: cdcd/tata/mevemv/aaa. É interessante perceber aqui como Odorico consegue reproduzir a variedade dos esquemas aliterativos da poesia virgiliana, tornando o verso musical e ágil.

Silva Ramos traduz *otia* por *lazer*, seguindo Valéry (*loisirs*). Creio que isto enfraquece o verso, pois se trata de um conceito central da cultura romana. *Otium* quer dizer, antes de tudo, trabalho intelectual e artístico, exercido por quem está livre das agruras da sobrevivência, e está longe do conceito moderno de lazer, tempo livre para diversão. Ainda que a palavra ócio em português tenha adquirido uma conotação negativa, ela não perdeu sua significação primeira e por isso, seguindo Odorico, preferi-a a lazer.

Para designar um mesmo instrumento musical rústico, a flauta de Pã, constituído de vários canudos, colados com cera,

Virgílio faz uso de diversas palavras como *auena, calamus, cicuta, fistula, harundo* e *tibia*. No v. 10, Silva Ramos traduz *calamo* por *cálamo*. Preferi quase sempre traduzi-las por *flauta*, porque quis evitar um registro artificialmente literário, tomando, assim, aquilo que é uma virtude em Silva Ramos, ou mais propriamente em Odorico, como um defeito.

Valéry captou com acuidade a linguagem sacra, enfática e formular do original. À tríplice repetição de *ille*, ele responde com uma tríplice repetição de *dieu*. Valéry também não descuida dos esquemas aliterativos: smsm/ ddd/ss/mllm/rr.

C'est un dieu qui me fit ces loisirs, Melibée!
Oui, mon dieu pour toujours! Un dieu de qui l'autel
Boira souvent le sang de mes tendres agneaux.
Vois mes boeufs, grâce à lui, librement paître, et moi
Jouer à mon plaisir de ce roseau rustique.

Buc. I, 11-18

Neste trecho, Melibeu descreve a situação conturbada do campo, como resultado da guerra civil, além das consequências desta em sua vida pessoal. Os jogos de palavras e as recorrências sonoras procuram reconstituir este clima de agitação política, e o ritmo entrecortado de monossílabos e dissílabos exprime iconicamente a precariedade da posição em que se encontra o pastor. No v. 11, contrastam-se dois verbos *inuideo/miror*, ambos ligados ao campo visual, mas com implicações semânticas diversas. Além das aliterações mm/aa/-/ss/smnsmn/cc/stdsdt, podem-se perceber também ecos entre *magis, adeo, agris, aeger, ago* nos três primeiros versos. Traduzi esse trecho levando em conta os aspectos apontados. Cuidei não só de recriar as aliterações (mm/acmmac/ttctc/aadad/ppnpn/smsmf/fppf/mtdmdt), mas também os ecos (espanto, campo, tanjo). A expressão *si mens non laeua fuisset*, para a qual encontrei uma equivalência, seguindo, em parte, Valéry (*si ma memoire est sûre*), quase uma fórmula, em *se bem me lembro*, que creio aproximar-se mais do original do que a forma exclamativa com que Silva Ramos a traduz: *ó mente descuidada a minha!* Penso que "na pedra dura" é, pela redundância da imagem, solução por demais infeliz para traduzir *silice in nuda*. Valéry evita neste caso traduzir o adjetivo. De minha parte optei pela literalidade, porque em português o adjetivo *nu* é poeticamente expressivo e, atribuído à pedra, exprime desconforto, solidão e abandono, o que, de certo modo, contamina todo o verso de um sentimento insólito e premente.

Merece reparo também a forma como Silva Ramos traduz *de caelo tactas memini praedicere quercus* (v. 17) por *os carvalhos tocados pelo céu tinham predito*. Aqui a literalidade não funciona mesmo, pois não passa para o leitor de língua portuguesa a imagem expressa no original. A imagem em latim é claríssima. Carvalhos atingidos pelo céu significam, em latim, carvalhos atingidos pelos raios, e faz parte do sistema de crenças romano que, ao ser atingido por um raio, o carvalho, árvore sagrada de Júpiter, esteja sendo predita alguma desgraça. Em português, a expressão soa absurda. Melhor é a lição de Valéry: *Malheur souvent prédit, si ma memoire est sûre/ par le ciel foudroyant les chênes prophétiques*. Os v. 16 e 17 ficaram assim na minha tradução: *Há muito, um infortúnio assim, se bem me lembro,/ carvalhos, pelo céu fulminados, previram.* Procurei reconstituir a imagem do raio sobre o carvalho, jogando com a etimologia da palavra *fulminados*.

Buc. I, 19-25

Esta fala de Títiro introduz solenemente Roma no mundo dos pastores, usando de uma linguagem formular: *Urbem quam dicunt Romam*, para logo explicá-la em termos próprios do ambiente pastoril. Há quem se espante com a tríplice repetição do verbo *solere* (*solemus*, *solebam* e *solent*), achando-a excessiva, sem razão, pois se trata de um poliptoto, figura de retórica. Outros termos também são reiterados: o adjetivo *similis* (duas vezes) e a conjunção *sic* (três vezes). É inegável que o poeta retira bons efeitos destas repetições. No primeiro caso, *solemus* encerra uma série aliterada de quatro esses (v. 20); no segundo, *solebam* encerra uma sequência de três comparações, introduzidas por *sic*; e, por último, *solent* reverbera o adjetivo *lenta* que o antecede. Observa-se também a reiteração *Vrbem/urbes*, a primeira forma no início do v. 19 e a outra no final do 24. Ressalta-se, deste modo, a importância da *urbs* em contraposição ao mundo pastoril, em toda *Bucólica* virgiliana. É a *urbs* que desencadeia os acontecimentos que vão convulsionar o mundo e a vida dos pastores e dela vem também o socorro e a esperança daqueles que são as vítimas deste conflito social.

Começar a tradução com *A cidade de Roma*, aproxima-me da expressão latina, além de me permitir uma economia verbal de que tanto preciso para traduzir a massa de informações textuais do original latino, condensando-a sem grandes perdas. Os dois últimos versos do trecho, na versão de Silva Ramos, exemplificam bem a tendência desse tradutor em inflar o texto virgiliano com uma escolha lexical, digamos, elevada: *Mas Roma eleva tanto a fronte sobre as mais cidades/ como os ciprestes sobreexcedem os viburnos dóceis.*

Ao contrário, Valéry se aproxima de uma expressão bem natural e direta neste passo. Ele traduz invertendo a ordem dos versos 19 e 20, e deixa de lado o primeiro hemistíquio do v. 21 (*Sic canibus catulos*), verso de difícil resolução, mas traduz fielmente a ideia. O poeta francês maneja com grande liberdade o original latino, condensando certos elementos que de outra forma não caberiam na tradução:

> Bien naïf que j'étais, je croyais, Mélibée,
> La ville dite Rome être semblable à celle
> Où nous menons souvent nos agneaux, nous bergers:
> Je voyais les chevreaux ressembler à leurs mères,
> Ainsi, du plus petit, je concluais au grand,
> Mais cette ville élève, entre toutes les autres,
> Son front tel un cyprès au-dessus des viornes.

Buc. I, 27-35

Esta outra fala de Títiro, separada da anterior apenas por uma brevíssima intervenção de Melibeu (v. 26), começa com a evocação de *Libertas*, nome próprio, divindade do panteão romano, e substantivo comum. Na minha tradução mantive a posição inicial do termo, sem aposição do artigo definido, para continuar possibilitando esta dupla leitura. Atente-se também para o quiasmo *tamen respexit... respexit tamen* (v. 27 e 29) reforçando o sentido da ação expressa pelo verbo *respicio*, termo corrente da linguagem formular religiosa, que tem como sujeito uma divindade. É interessante perceber também que o ritmo, entrecortado por repetições, advérbios e conjunções, dinamiza o andamento dos versos. Silva Ramos desacelera a frase virgiliana ao traduzir explicando. Vejamos o v. 29: *candidior postquam tondenti barba cadebat*, em que uma aliteração bimembre (cc) no início e no fim do verso, emoldurando uma oração intercalada, com verbo (*tondenti*) na forma nominal, particípio presente, em dativo singular. Além disso, as consoantes d, t e b parecem distribuídas no verso visando a um efeito rítmico intencional de rapidez e urgência. Silva Ramos traduz assim: *quando, ao fazer a barba, esta caía já mais branca*. Como já disse, o uso de um metro muito longo obriga o tradutor a esticar o verso, com palavras como *esta* e *já*, que sonoramente também não estão bem resolvidas. *Esta* elidida com *barba* destrói o andamento rítmico, pois a elisão se dá em sílaba tônica. Quanto a *já*, junto a *mais*, o efeito auditivo é justamente o contrário do escrito. *Quando, cortando, branca a barba me caía* foi a solução que encontrei, na tentativa de conseguir também captar o conteúdo e a agilidade da forma da expressão virgiliana. Odorico traduz: [...] *rasa a barba/ a me cair mais branca* [...] Cabe dizer que a leitura da versão de Odorico, apesar dos seus enormes problemas, me estimularam a operar, através de uma economia verbal, com um verso mais enxuto e mais aproximado da forma do original. Neste sentido, o "fracasso" de Odorico é para mim tão fecundante quanto a obra-prima de Valéry. Este me encoraja a escrever versos mais harmônicos, aquele me desafia a fazê-los concisos.

Buc. I, 36-40

Este trecho, de intensa musicalidade, é composto de uma interpelação direta de Melibeu a Amarílis, ausente da cena, seguida de uma evocação de elementos da natureza, suplicando o retorno de Títiro. Os dois primeiros versos, em que Melibeu interpela

Amarílis, descrevendo vivamente o seu estado de aflição e a tentativa de fazer retornar o amante, através da magia, Silva Ramos, seguindo os passos de Valéry, traduz, em forma de pergunta. Eu me ative à forma do original, cuidando também de criar correspondências sonoras entre as palavras AMARílis/chAMAR, além de criar as aliterações atta/pappa, para os dois primeiros versos e tt/aaa, para os dois últimos, com a tríplice reiteração do advérbio *até*, correspondendo à tríplice repetição *ipsae, ipsi, ipsa* do original.

O primeiro hemistíquio do v. 38 de minha tradução coincide com a de Silva Ramos. O segundo hemistíquio do mesmo verso e o verso seguinte são exemplos de como operamos de modos diversos: Silva Ramos com acréscimos; eu, por subtração (de artigos definidos, por exemplo), mas procurando manter os elementos estruturais básicos. Observe-se que, também, tanto Silva Ramos quanto Valéry evitam a repetição *uocares/uocabant*, nos finais dos v. 36 e 39, que o primeiro traduz, respectivamente por *invocavas* e *chamavam*. De minha parte, procuro, sempre que possível, extrair dessas repetições algum ganho, nem que seja o de manter certa unidade vocabular, para que possa chegar a uma unidade de estilo.

Buc. I, 41-45

Começo o comentário deste trecho, citando a tradução de Odorico Mendes, em que ele consegue fazer corresponder a cada hexâmetro um decassílabo, numa admirável operação de síntese poética, através de uma expressão límpida e ainda atual.

Observem-se, no primeiro verso, a aliteração rr, a recorrência sonora no par aliterado remédio/remir, os ecos entre reméDIo e poDIA, que se expandem em DIvos e DIA, nos versos seguintes. Sobressaem as aliterações entre *achar/alhures* e *ano/altares*, doze/dias além da projeção da consoante p (podia, presentes, pastor, por, pascer) em quase todos os versos. Transcrevo, também, a título de comparação, o mesmo passo na tradução de Valéry:

> Que faire? Ne pouvant sortir de servitude
> Ni me trouver ailleurs des dieux aussi propices.
> Mais là-bas, Mélibée, ayant vu ce jeune homme
> Pour qui douze fois l'an fument tous nos autels,
> À peine supplié, j'obtins cette réponse:
> "Garçons, comme jadis, paissez votre bétail".

Podem-se observar os pares de palavras aliteradas por todo o trecho, além do simétrico jogo de palavras *Mais là-bas, Mélibée*. Fica claro, aqui, no cotejo entre os dois poetas-tradutores, como eles, sem romper com o original, amoldam o material recebido em uma nova forma autônoma, na qual o rendimento estético, é antes de tudo, uma conquista do labor poético do próprio tradutor. Aqui, os dois tradutores rivalizam com o poeta traduzido, sem, no entanto, deixarem de convergir. De Silva Ramos, comento, apenas, a tradução que ele faz da expressão *bis senos dies*, como *duas vezes seis dias*, numa espécie de decalque do original que soa artificial e confuso em português, pois a expressão quer dizer simplesmente doze dias.

Buc. I, 46-58

Este longo trecho apresenta o elogio de Melibeu a Títiro e pode ser dividido em duas partes, começando estas pelo vocativo *Fortunate senex*. Na primeira, prevalece uma visão realista dos domínios de Títiro; na segunda, Melibeu evoca um lugar imaginário, indeterminado e utópico. O tempo verbal dominante é o futuro (*manebunt, temptabunt, captabis, suadebit, canet, cessabit*). Portanto, o quadro que Melibeu pinta é uma projeção no tempo, o que permite a ele referir-se a Títiro como *senex*. No plano formal, observam-se recorrentes anáforas em todo o trecho, sendo que a segunda parte, principalmente, superabunda em aliterações (ff/ff/ss/-s/ssss/aaa/tt/aa). Para traduzir o vocativo *fortunate senex* preferi uma expressão bem direta e coloquial, que pudesse expressar o grau de intimidade entre os dois pastores: *velho de sorte*, em que *de sorte* retira o peso da palavra *velho*, podendo assim ser empregada referindo-se a alguém que ainda não é idoso, e exprimindo, portanto, mais afeição que respeito. Odorico traduz por *ditoso velho*, Silva Ramos por *velho feliz* e Valéry por *trop heureux veillard*. Eu precisava inovar, criando uma expressão impactante, mesmo arriscando romper certa gravidade do vocativo latino.

As sugestões sonoras deste trecho não passaram desapercebidas a nenhum dos tradutores, e cada um resolveu a seu modo, intensificando ou amenizando a profusão de aliterações dos versos de Virgílio. Basta um breve cotejo entre os v. 53-55 do original e as traduções.

Silva Ramos traduz:

> Ali a sebe, onde na raia do vizinho campo
> pousam abelhas de Hibla sobre as flores do salgueiro,
> ao sono te convidará com um leve sussurrar.

E Valéry:

Ici, comme toujours, sur toi viendra vibrer,
Pour t'induire au sommeil par leur léger murmure,
Des abeilles d'Hybla l'essaim nourri de fleurs.

Ressalta-se no original, além dos aliterações em *s* que os tradutores brasileiros procuram reconstituir e que Valéry procura variar com outras sonoridades, a homofonia entre o substantivo *saepes* e *saepe,* advérbio, a qual propus, aproximativamente, o par *sebe* e *saiba.*

Buc. I, 59-63

Temos aqui uma série de quatro *adynata* ou impossíveis, figura muito comum na poesia clássica, que procurei traduzir mantendo a sua estrutura enumerativa e anafórica, bem como a ordem de cada uma das imagens, fazendo cada verso da tradução corresponder exatamente ao do original. A propósito, mantive, não sem dificuldades e algum contorcionismo, o quiasmo do v. 62 *Ararim, Parthus/Germania, tigrim*: *Árar, parta/germano, tigre.* Ressaltam-se, ainda, na minha tradução dos dois primeiros versos, as aliterações encadeadas acac/vpvp, além da sucessão de vocábulos iniciados por p, do primeiro ao último verso e ecos entre as palavras *antes* e *distante.* Tudo isto, disposto dentro da medida métrica do Alexandrino clássico, contribuiu para tornar ágeis os versos desta passagem. A nenhuma das traduções consultadas se impôs o tipo de exigências que me fiz ao traduzir este passo de Virgílio. A de Odorico fica prejudicada pelo excessivo literalismo (*peixes nus lançará na praia o rolo*) ou pela infeliz escolha lexical (*que o vulto seu do peito nos decaia*) com resultados canhestros. Valéry, como sempre, trata o material a ser traduzido com grande liberdade e competência poética. Interessante a solução que ele deu ao v. 63, que conclui a série dos *adynata*, traduzindo-o por *Avant que de ce dieu se détache mon coeur*, o que me inspirou a traduzir assim o mesmo verso: *até que em nosso peito aquele deus se apague*. A introdução da palavra *deus* evita qualquer indeterminação ou ambiguidade desnecessária e torna o verso legível. Silva Ramos com *antes que o vulto dele se esvaeça deste peito* parece seguir Odorico neste passo. O verso fica sem sentido, pois *dele* só pode referir-se em português a um termo imediatamente anterior, o que não é o caso.

Buc. I, 64-78

Nos três primeiros versos deste lamento, Melibeu imagina-se partindo para os confins do mundo conhecido à época, cumprindo um longo exílio. Depois, imagina-se retornando e encontrando suas terras ocupadas por estranhos. Melibeu invectiva contra a guerra civil e, entre irônico e resignado, reconhece a irreversibilidade de sua situação, despede-se de seu rebanho, de seu mundo e decide-se a calar o seu canto. Ao traduzir este passo, procurei captar os movimentos anímicos de Melibeu, expressos no intrincado tecido sonoro, fartamente aliterado do original, que segui de perto, tentando corresponder a cada lance do poeta romano, outro na minha tradução. No v. 64, o original tem uma aliteração trimembre aaa; na tradução, têm-se dois pares aliterados ppaa, além de uma correspondência vocálica entre árida e África. No v. 67, à aliteração pp do original, respondi com outra ddd.

Ao desenho paronomástico dos versos *paupeRIs et tuguRi CongestuM Caespite CulMen/ post AlIquoT, Mea regna vidensMIRAbor ARIsTas*, fiz corresponder outro: *e meu poBRE caseBRE enTRE a RELVa REVendo/ com ESPanto VEREI no meu REIno uma ESPiga*. No final do v. 73 e início do seguinte, observe-se, também, o jogo entre *uites/ite*, que recriei com *vides/ide*, no mesmo lugar. Exemplar é o verso 64, na tradução de Valéry: *Mais nous, irons souffrir de la soif en Afrique*, no qual prolifera a paronomásia. Ao contrário, o mesmo verso na tradução de Silva Ramos (*Mas daqui uns iremos aos sedentes africanos*), além da infeliz construção *uns iremos*, carece de qualquer empenho musical.

Buc. I, 79-83

Estes cinco versos finais equivalem aos cinco versos de abertura do poema. Títiro convida o amigo para passar a noite junto a ele. É como se a noite, pelo seu poder de indiferenciação, pudesse reunir num só tempo e espaço dois destinos diametralmente opostos. Melibeu deve deixar o mundo que lhe é caro, enquanto Títiro, sabedor da sorte adversa do amigo, deve dar a este um último testemunho da beleza e da suavidade deste mundo atingido pelas perturbações políticas. Nos dois versos finais, o tom é grave e escuro, com predominância de sílabas com a vogal *u*. Na tradução, acentuei bastante este aspecto, com a reiteração de sons nasais e da vogal *u*, bem como através de uma cadeia de consoantes aliteradas, que mimetizam o movimento do crepúsculo e intensificam o sentimento de perda e abandono de Melibeu. Neste sentido, a minha tradução converge com a de Valéry, tanto na carga aliterante com que rearticula os versos finais desta écloga, quanto pela disposição dos fonemas nasais, acentuando a melancolia do quadro. Ressalte-se, ainda, na tradução de Valéry, que transcrevo abaixo, a estrutura paratática dos versos que confere ao convite de Títiro um tom imperativo de afetuosa insistência:

> Reste encore cette nuit. Dors là tout prés de moi:
> Sur ce feuillage frais. Nous aurons de bons fruits,
> Fromage en abondance et de tendres châtaignes.
> Vois: au lointain déjà les toits des fermes fument
> Et les ombres des monts grandissent jusqu'à nous.

Segunda Bucólica

Buc. II, 1-5

Estes cinco primeiros versos formam um prólogo, no qual, apresentando o cenário e os personagens do poema, o pastor Córidon e o jovem Aléxis, o poeta introduz o monólogo de Córidon, expressando os diversos estados de espírito pelos quais passa o amante, vítima de uma paixão sem retorno, indo do desespero à resignação e renúncia. O primeiro verso apresenta, para o tradutor, a dificuldade de conter dois nomes próprios, *Corydon* e *Alexim*, acompanhados, respectivamente, de um aposto *pastor* e de um atributo *formosum* (ambos importantes para a significação do poema), além do verbo *ardebat*. Odorico resolve-a, omitindo o aposto: *Córidon por Aléxis belo ardia.* Valéry traduz, remanejando os elementos dos dois primeiros versos: *Pour le bel Alexis, délices de son maître,/ Le pâtre Corydon se consumait en vain.* Silva Ramos, em virtude do uso de uma medida longa, consegue traduzir o verso integralmente, sem remanejamentos: *Córidon, o pastor, ardia pelo belo Aléxis.*

A minha tradução, procurando não deixar de fora nenhum elemento importante, nem destruir a harmonia estrutural do verso, mescla a lição de Valéry com a de Silva

Ramos, fazendo quase coincidir o primeiro hemistíquio do primeiro verso com o da tradução de Silva Ramos e transferindo o verbo para o segundo verso como faz Valéry, de quem sigo também a lição ao traduzir a expressão *nec quid speraret habebat* simplesmente por *em vão*, com economia vocabular e sem prejuízo da significação. No v. 3 traduzo *fagos* por *faial*, seguindo os passos de Odorico e a palavra *vértices* com que verto *cacumina* foi-me sugerida pela versão italiana por mim compulsada. A expressão *haec incondita* (v. 4), que caracteriza toda a subsequente fala de Córidon e que Silva Ramos traduz por *lamentos mal cuidados*, traduzi por *estes delírios* (v. 5), com equivalência numérica de palavras e sílabas, e equivalência de sentido, pois a expressão latina significa palavras confusas, sem fundamento lógico.

Buc. II, 6-18

Este trecho começa com uma interpelação direta do amado, qualificado de *crudelis*, como vocativo de duas orações interrogativas, não introduzidas por nenhuma partícula interrogativa, num estilo ágil e direto, que procurei preservar na tradução. A alternância entre pronomes de primeira pessoa do singular e do plural que se verifica no original e que Silva Ramos mantém na sua tradução não faz sentido em português e dificulta a compreensão. Nem Odorico, nem Valéry cometem tal transposição. No entanto, louve-se em Silva Ramos a manutenção da anáfora nos v. 8 e 9, operação sempre difícil essa de traduzir duas vezes ou mais o monossílabo *nunc* por *Agora* num mesmo trecho, principalmente quando o tradutor trabalha com a ideia de síntese e economia verbal, como é o meu caso. Para os v. 12 e 13, iconizando o canto da cigarra, criei estas recorrências sonoras:

MaS enquanto perSIGo o teu RaStRO, CIGaRRaS/ RoucaS SOb Sol ARdente ecoam noS ARbuStoS. No verso seguinte, os ecos entre *era/ira/amara/Amarílis* ressaltam a musicalidade deste trecho do canto de Córidon, que se conclui com este verso no original: *Alba LIGUstra cadunt, uaccinia nigra LEGUntur*, que traduzi assim: *Alfena branca JAz, negro JAcinto colhe-se*, com correspondências sonoras equivalentes e mantendo, de forma invertida, o quiasmo formado pelos adjetivos (cores) e substantivos (flores), que criam uma perfeita simetria entre cada um dos hemistíquios do referido verso.

Emblemática é a forma como traduz este verso Valéry, que deixa de lado o nome das flores, como se fosse um detalhe sem importância, mas recria com eficiência a sonoridade do original: *Telle fleur blanche tombe, et la sombre est cueillie.* Ao traduzir assim, Valéry não compromete a significação do poema, pois mantém o efeito contrastivo do original no plano do conteúdo e a ressonância no nível fônico.

Buc. II, 19-27

Córidon volta a queixar-se da indiferença de Aléxis, para, em seguida, jactar-se de seus bens, de sua maestria no canto e de sua beleza física, com o intuito de impressionar o amado. Sobressai no conjunto destes versos o v. 24, *Amphion Dircaeus in Actaeo Aracyntho*, todo ele composto de palavras gregas, como se o poeta, ao evocar o canto de Anfion, fizesse o próprio Anfion cantar dentro do poema. Buscando manter a harmonia interna deste verso, traduzi-o de forma a não romper com a sua sonoridade grega, assim: *Anfion, o dirceu, em ático Aracinto*. Nenhum dos tradutores aqui comparados se ativeram a este detalhe e traduziram-no, diluindo os seus elementos em mais de um verso e destruindo a unidade que, no original, forma um conjunto de estranhezas que realçam, pela diferença do resto em torno, como pedras em um mosaico. Isto não quer dizer que as outras soluções sejam ruins. Vejamos a de Odorico Mendes: *Canto como Anfion Dirceu cantava,/ Lá no Atico Aracinto boseando*. Por sua vez, Silva Ramos traduz assim: *eu canto o que cantava habitualmente Anfião de Dircel no ático Aracinto, se chamava os seus rebanhos*. E Valéry: *J'use des mêmes chants que chantait Amphion/Lorsque, sur l'Aracynthe, il rassemblait ses bêtes*. Parece que aquilo que os tradutores são tão ciosos em manter (nomes próprios e atributos derivados destes) é para Valéry escolhos que ele não hesita em eliminar, como no caso do adjetivo *actaeos*.

Buc. II, 28-44

Neste longo trecho, Córidon retorna sempre aos mesmos motivos. Primeiro, apresentando o seu mundo rústico (*sordida rura, humilis casas*) e as atividades da caça (*figere ceruos*), da pastorícia (*compellere haedorum grege*) e do canto (*canendo*), deseja que seu amado sinta alguma simpatia pelo seu modo de vida. Nos v. 31-33, tem-se a primeira aparição de Pã, numa tríplice nomeação, como se a força do nome do deus pudesse presentificá-lo e assim colaborar na sua conquista amorosa. Nos v. 35-39, Córidon retoma a inflexão narcísica de seu discurso e, passando de Pã para a sua própria flauta, conta sobre a origem desta como um presente de Dametas e motivo de inveja por parte de Amintas. Tudo isso para mostrar a sua excelência na arte do canto. Nos v. 40-44, Córidon retorna ao motivo pastoril, evocando a figura de dois cabritinhos que, recusados por

Aléxis, poderão vir a pertencer a Téstiles, já referida no poema, preparando a comida de lavradores.

A tradução de Silva Ramos, apesar da *frauta* nos v. 36 e 38 e de *nossos* em lugar de meus (louve-se aqui a coerência do tradutor), é fluente, e não ficou mau o poliptoto do original, *ouis ouiumque*, recuperado na tradução do verso 33, apesar da perda do *enjambement* de *instituit* (ensinou), recuado para o verso anterior: *Pã cuida dos rebanhos e dos guias dos rebanhos*. Esta repetição acentua o caráter de prece que a tríplice repetição do nome de Pã já contém.

Buc. II, 45-55

Como já assinalei anteriormente, este catálogo de flores e frutos, ordenados segundo uma significação mítica e erótica muito precisa, é um dos passos mais difíceis de se traduzir, primeiro porque os nomes latinos do vocabulário botânico deram origem, nas línguas modernas, a vocábulos atribuídos a plantas diferentes; além disso, a necessidade de atender à métrica impõe certas escolhas em detrimento de outras. A solução foi seguir as várias lições dos comentadores e tradutores consultados. Neste sentido vale fazer um cotejo entre a minha tradução e as de Odorico Mendes e Silva Ramos, reproduzida abaixo:

> Vem para cá, belo menino, as Ninfas para ti
> trazem cestas de lírios; para ti a branca Náiade
> colhe violetas pálidas, também papoulas altas,
> e narcisos lhes junta, e a perfumada flor do aneto;
> então tecendo-os com lauréola e outras ervas suaves,
> orna os murtinhos tenros com os tagetes amarelos.
> E frutos brancos, de lanugem branca, eu colherei,

e essas castanhas que a Amarílis minha tanto amava;
ameixas cor de cera juntarei, assim honrando-as,
e colher-te-ei, ó louro, e próximo de ti porei
o mirto: juntos, misturais vossos odores suaves.

Como se pode perceber do cotejo entre as traduções e
o original, muitos dos nomes aqui elencados são consensuais
e não oferecem grandes dificuldades. Na dificuldade, segui
a lição que me favorecia metricamente, como no caso de
alecrim, para traduzir *casia*, sugerido em nota por Odorico
Mendes. *Lauréola*, adotada por Silva Ramos e constando no
Dicionário Escolar Latino Português de Ernesto Faria como
equivalente do original, ou *casia*, na tradução em prosa de
João Pedro Mendes, foram descartadas. A primeira por im-
posição métrica e a segunda por, entre outros motivos, não
estar dicionarizada em português. Como se pode ver, a ma-
téria é controversa, e as soluções podem variar segundo as
necessidades e o interesse de cada tradutor.

Quanto à tradução de Valéry, é difícil avaliar as suas
escolhas, e, uma vez que não está preocupado com a literali-
dade, ele deixa de transpor alguns nomes e generaliza outros.
No entanto, para perceber o quanto a matéria é controversa
também em língua francesa, basta comparar a tradução de
Valéry com a tradução em prosa de Saint-Denis.

Buc. II, 56-68

O v. 56 marca o começo da autoconsciência de
Córidon. Se antes ele se dirigia ao seu amado imaginário,
agora se volta para si mesmo e entende a distância entre o
seu mundo de pastor e o de Aléxis. Os dois *adynata* nos
v. 58 e 59 expressam bem o despropósito de sua paixão

amorosa, comparada aqui às forças indômitas da natureza, ventos e animais selvagens. É nas imagens familiares da caça e da pastorícia que Córidon vai buscar a explicação para o sentimento do qual ele é mais vítima do que sujeito. Os adjetivos *rusticus, misero, perditus* e *demens* com os quais ele se autorrefere indicam, o primeiro, a sua posição social pouca atraente ao amado, e os demais, uma concepção da paixão como loucura ou possessão divina.

A tradução de Silva Ramos, *tonto*, para *rusticus*, no v. 56, se não é incorreta do ponto de vista do dicionário, sai do campo semântico do original, o contexto agrário do poema. Preferi o adjetivo *rústico* porque este vocábulo tem em português a mesma extensão polissêmica que em latim, indicando tanto uma origem rural quanto, por causa desta origem, um certo desacordo principalmente no que se refere às regras de urbanidade. Na tradução dos demais adjetivos, tanto Silva Ramos quanto eu mantivemo-nos colados ao original, numa atitude que, mesmo tendo sempre no horizonte a autonomia do texto da tradução, resgata para o leitor a origem remota e profunda das palavras de nossa língua, tornando-se a operação tradutora uma espécie de arqueologia poética de palavras, sons e significados. Neste sentido, a tradução é para mim uma ponte de mão dupla entre passado e presente.

A mesma observação serve para explicar a manutenção dos adjetivos *torva* e *lasciva* no v. 63 e 64, como correspondentes de *torua* e *lasciva*, que Silva Ramos traduz, explicando, por *de olhar feroz e amiga de brincar*. *Torva* equivale sem problemas ao termo original; a *lasciva*, no entanto, os dicionários latinos dão o significado primeiro de brincalhona (o *Aurélio* dá lascivo, nesta acepção, como desusado, citando Camões), mas creio que o sentido derivado e atual do termo calha bem com a atmosfera erótica do trecho em que se encontra. Aliás, um trecho bastante espinhoso de traduzir, dentro da minha concepção de traduzir com economia, mas sem supressão de elementos importantes, pois se trata de uma sequência de três versos, contendo uma verdadeira "cadeia alimentar" que vai da leoa ao lobo, do lobo à cabra e desta ao codesso, acompanhados por seus respectivos atributos, até chegar a Córidon e Aléxis, e concluída por uma sentença que mistura conduta alimentar animal e desejo erótico humano.

Fazendo alguns remanejamentos, consegui traduzir integralmente o trecho, primeiro, dispondo no verso anterior o *te Corydon* (*a ti Córidon*), do primeiro hemistíquio do v. 65 e deslocando o vocativo para o final do verso. A sentença conclusiva, traduzi-a, tomado emprestado a solução de Odorico Mendes, com uma pequena e significativa modificação no final dela. Compare-se: *A cada qual atrai seu próprio gosto* (Odorico) com a minha *A cada qual atrai seu próprio gozo, Aléxis. Voluptas* tem o sentido de desejo, prazer, gosto, vontade, etc. Abandonei uma versão anterior (*Aléxis, cada qual persegue o seu prazer*) que, embora parecesse boa do ponto de vista sonoro e rítmico, estava em desacordo com a concepção amorosa veiculada pelo poema, segundo a qual é a paixão pelo objeto do desejo que arrasta o sujeito apaixonado na direção daquele. Este é, afinal, o sentido da *dementia*, que Córidon vai acabar por perceber em si e, assim, mudar de atitude.

Buc. II, 69-73

Estes cinco versos com que, simetricamente, Virgílio conclui a sua segunda Bucólica, marcam o início da mudança de atitude de Córidon. Reconhecendo o seu estado de demência, Córidon dá-se conta de que se descuidou de sua videira e propõe como alternativa de cura a confecção de um algum trabalho manual, com o vime e o junco, que resulte em algo útil. Conclui o pastor que o próprio desdém com que é tratado por Aléxis é índice da relatividade do objeto de sua paixão, pois na falta deste, um outro ele encontrará. O v. 69, na tradução de Odorico, que preferiu repetir o substantivo demência em vez do vocativo Córidon, conseguindo um bom resultado estético, transferindo a ênfase do "sofredor" para o seu "sofrimento", ficou assim: *Que insânia, ah! Córidon, que insânia a tua!* Silva Ramos consegue traduzir literalmente e sem acréscimo o mesmo verso. *Córidon, Coridon, ah que demência te tomou.* A tradução de Valéry vai pelo mesmo caminho: *Corydon, Corydon, es-tu pris de demence?* Quanto à minha tradução, tive de separar os vocativos, deixando um no início e o outro no final, de tal forma que assim ficou: *Córidon, que demência apossou de ti, Córidon?*

O verso final na tradução de Odorico, pelo seu poder de síntese e pelo efeito suspensivo do corte, na quarta sílaba, imitando o original, é também digno de atenção: *Outro acharás, a desdenhar-te Aléxis.* Já a tradução de Silva Ramos deste verso perde um pouco o vigor com a repetição ociosa e contraditória do nome Aléxis, pois a suspensão da nomeação no original, intercalando uma oração condicional, entre o pronome indefinido e o nome *Alexim*, indica uma mudança radical de atitude do amante frente ao amado, que a dupla nomeação na tradução desfaz: *Se Aléxis te desdenha, encontrarás um outro Aléxis.* Valéry não faz melhor, introduzindo o nome de Aléxis, já no primeiro hemistíquio: *À defaut d'Alexis, un autre t'aimera*. A tradução que estou propondo para este verso final busca recuperar, em alguma medida, a surpresa e a agilidade da frase latina.

Terceira Bucólica

Buc. III, 1

Esta écloga começa com uma pergunta de Menalcas a Dameta, constituída de um verso, dividido ritmicamente em quatro partes finalizadas por vírgulas e pontos de interrogação. Em minha tradução (*De quem – de Melibeu? – é o gado, Dametas?*) procurei reproduzir este andamento rítmico, cujo efeito é de expressar uma certa animosidade irônica. Tanto Odorico Mendes (*De quem a grei? de Melibeu, Dametas?*) quanto Silva Ramos (*Dize, Dametas: é de Melibeu esse rebanho?*) e Valéry (*Ce troupeau, Damoetas, est-il à Mélibée?*) traduzem com competência este *incipit* abrupto do poema, e ressalte-se a elipse do verbo ser em Odorico, como no original latino, o que deixa a pergunta mais direta e ríspida ainda.

Buc. III, 3-6

Depois da resposta objetiva de Dametas, informando-o tratar-se do rebanho de Égon, Menalcas intensifica sua ironia contra seu interlocutor, acusando-o de se aproveitar da ausência do dono, ocupado com questões amorosas, para ordenhar as ovelhas várias vezes ao dia, fazendo-as definhar e subtraindo o leite aos cordeiros. Na tradução do v. 6, cuidei de evitar o uso da palavra *suco*, empregada por Odorico e Silva Ramos, que, embora correta do ponto de vista do dicionário, poderia causar algum efeito estranho, por contaminação com o sentido mais usual e cotidiano do termo, ficando a minha versão assim: *sugando ao gado o sumo, aos cordeiros o leite.*

Buc. III, 7-9

À acusação de roubo, Dametas responde acusando Menalcas de prática homossexual passiva, em um lugar sagrado, tendo bodes e ninfas como testemunhas. O trecho é uma imitação de Teócrito, no qual tudo é dito claramente. Em Virgílio, o verbo que expressa a ação que constitui a acusação de Dametas está elíptico. Na tradução do v. 8, à triplice aliteração ttt, fizemos corresponder esta outra bsbs e no v. 9, à aliteração ss, o par nn. Atente-se também, no v. 8, para as ressonâncias: BEM saBEMos nós quEM te... soB Olhar dos BOdes, que acentua a comicidade da situação descrita.

Buc. III, 10-11

A acusação de corte de árvore e especialmente da videira é, para um pastor, gravíssima. A ironia aqui consiste em que Menalcas aparentemente atribui a si algo que ele ouviu sobre Dametas, através de uma interrogação indireta, que Valéry, na sua tradução, transforma em direta, para melhor reproduzir-lhe o efeito: *Oui, c'est peut-être moi quo'on vit à coups de faux/ Saccager de Mycon et les plants et les vignes?*

Para que estes versos e os demais não perdessem totalmente a sua graça na tradução, foi preciso imprimir-lhes um ritmo ágil, entrecortado com jogos de palavras, próprio do epigrama.

Buc. III, 12-15

Dametas rebate Menalcas, acusando-o de inveja e per-
versidade contra Dáfnis. Ressalte-se no original o jogo de
palavras *donata/dolebas*, que Silva Ramos recriou em *dado/
doeste*. A tradução desta quadra feita por Valéry prima pela
sonoridade bem trabalhada, com rimas internas e ecos:

> Et toi, quand de Daphnis, auprés de ces vieux hêtres,
> Tu brisas l'arc e les flèches, pervers Ménalque,
> Jaloux de ces cadeaux faits au jeune berger,
> Faute de te venger, tu serais mort de rage.

Buc. III, 16-20

Menalcas, agora, acusa Dametas de roubar o bode
de Dámon. A cena é pintada com vivacidade e reforçada
pelos jogos aliterantes entre *faciant/fures*, *latrante Lycisca*,
o esquema aliterante tctc do v. 20, além da homofonia
vocálica no par *carecta latebas* no mesmo verso, aos quais
fiz corresponder na tradução *farão/for*, Liscisca ladrava, o
esquema aliterante tggt. Neste sentido, ressalte-te também
o v. 17 da minha tradução: *BAndido não te vi rouBAr o
BOde a Dámon*, em que a alternância de sílabas em b e d
adiciona uma certa comicidade à cena.

Buc. III, 21-31

Dametas (v. 21-24) justifica o furto, dizendo-se dono
do bode, por direito, ao ter vencido Dámon num certame
musical, ao que retruca Menalcas (v. 25-27), duvidando
da sua capacidade, de tal forma que só resta a Dametas

(v. 28-31) desafiar o rival a um combate. Atente-se para as correspondências sonoras que criei para fazer face à intensa carga aliterante de versos como estes: *quem mea carminibus meruisset fistula caprum* ou *bis uenit ad mulctram alit ubere fetus*. Não foi gratuitamente que compus jogos de palavras (*Dámon/dá-mo, pífio/pífaro, dá leite/aleita*) ou um verso totalmente aliterado como este com que concluo o trecho em questão: *Dize com que penhor competirás comigo*. Sem uma armadura fônica que lhes dê agilidade e graça, estes versos perdem por completo o seu valor de poesia.

Buc. III, 32-48

Menalcas recusa apostar a vitela, desculpando-se por ter um pai e uma madrasta vigilantes. No lugar, propõe apostar dois copos, cinzelados por um famoso artista, Alcimedonte, o que enseja a descrição das figuras superpostas neles: dois astrônomos, Cônon e um outro, não nomeado. A fala de Menalcas finaliza com um verso que será depois retomado por Dametas em sua ambígua resposta, afirmando possuir também dois copos feitos por Alcimedonte, com entalhes figurando Orfeu seguido pelas selvas, ao mesmo tempo em que denota desprezo pelos copos do adversário.

Do ponto de vista da minha tradução, o v. 42 merece um comentário. Traduzi-o me afastando um pouco da letra, mas resguardando o sentido, que na tradução em prosa de João Pedro é o seguinte: [...] *as estações que deveria ter o segador, o lavrador encurvado?* Na minha tradução, mimetizando o estilo de trecho famoso da Bíblia, Eclesiastes III, 1-8, o verso ficou assim: *o tempo de colher, o tempo de plantar?* Não vejo grandes problemas nestes tipos de micro-operações, uma vez que o tradutor não está lendo apenas a obra traduzida. Ao traduzir, o tradutor opera como um leitor de múltiplas leituras possíveis, assimiláveis ou descartáveis. A tradução de Silva Ramos, um pouco mais convencional, não está tão longe da minha: *e o tempo do ceifeiro e o tempo do arador curvado?* Na verdade, partindo de Silva Ramos, que muitas vezes precisa adicionar ou repetir determinados elementos da frase, para completar a métrica comprida de seu verso, cheguei a uma solução que considero mais sintética, mantendo a repetição da palavra *tempo* e trocando as palavras *cefeiro* e *arador*, que indicam agentes por outras que indicam ações, *colher* e *plantar*.

Buc. III, 49-54

Essas duas falas servem para selar a disputa e introduzir a figura do árbitro, Palêmon. Tudo acontece em forma de mimo. Palêmon passa casualmente e sendo-lhe feita a solicitação, esta foi naturalmente aceita, como se se tratasse de uma cena comum na vida dos pastores. Procurei, na tradução, dar um toque de coloquialidade às falas de cada um dos interlocutores, algo que aproximasse do tom de uma comédia da vida pastoril. Atente-se para os finais dos v. 49, 50 e 51, que formam uma sequência em v (*vou, vem, voz*) e para o jogo fônico *Palêmon/pequena*, no final dos v. 52 e 53.

Buc. III, 55-59

A primeira intervenção de Palêmon, dando início ao canto *amebeu* propriamente dito entre Menalcas e Dametas, é de uma leveza na descrição do *locus amoenus,* mesclada ao convite que ele faz aos pastores para cantarem, que a impressão que se tem é a de que a própria natureza está cantando e convidando ao canto (como nos faz crer a tradução de Odorico Mendes). Ressalte-se, no texto virgiliano, a quádrupla repetição do advérbio *nunc*, sendo que, no v. 56, vem acompanhada da dupla repetição do pronome *omnis*. No v. 59, tem-se também a repetição *Alternis/alterna*. Além das aliterações em cada verso (cc/noanoa/nfnf/dd/aaa), observe-se os jogos paronomásticos nos finais dos versos entre as palavras *herba*, *arbos* e *annus* e um anagrama quase perfeito entre *Menalca* e *Camenae*.

Estes versos, mais do que quaisquer outros, merecem ver traduzida a sua intenção, a sua potência mágica de canto, pois não foi à toa que Virgílio colocou-os na boca do árbitro de um duelo musical entre dois pastores. Neste sentido, a tradução de Silva Ramos, embora correta e reproduzindo alguns elementos formais do texto, não alcança o efeito musical desejado e, por se ater demais ao sentido literal, é de um prosaísmo desconcertante na escolha das palavras. Vejamos a tradução de Silva Ramos:

> Dizei, que nós já estamos assentados na erva tenra.
> Produz agora o campo, agora toda árvore;
> copam-se agora as selvas, o mais belo do ano é agora.
> Começa tu, Dametas, virás tu depois, Menalcas.
> Alternados direis; as Musas amam a alternância.

Traduzir *dicite* por *dizei* é colar-se demais à letra, sem extrair disto qualquer ganho estético neste caso, já que o sentido é claramente o de cantar. Depois, traduzir *molli herba* por *erva tenra* é produz uma imagem estranhíssima e ridícula do ponto de vista visual. *Produz* e *copam-se* também não soam bem como tradução de *parturit* e *frondent*, pois não desencadeiam nenhuma figura de som, apenas traduzem o sentido e preenchem o metro. Por último, Silva Ramos, que é sempre tão cioso da literalidade, comete a audácia de expulsar as Camenas da poesia bucólica de Virgílio, substituindo-as pelo genérico *Musas* e invertendo, involuntariamente, o significativo ato poético virgiliano de romanizar a poesia bucólica grega, colocando-a sob a "proteção" de uma divindade nativa. Fez melhor Odorico Mendes. Vê-se que Odorico percebeu as potencialidades musicais do texto virgiliano, ao criar sofisticadas ressonâncias entre as palavras (principalmente no primeiro verso) e ao fazer corresponder às aliterações do original outras em sua tradução (cc/vv/ff/-/aa). Valéry, sempre tão atento à *force chantante* da poesia de Virgílio, nos dá deste passo, uma tradução, digamos, pálida, em relação a soluções que ele encontra para outros trechos. Vejamo-la:

> Chantez! Car, devant nous, assis dans l'herbe tendre,
> Tous les champs se font verts, tous les arbres bourgeonnent,
> Et c'est bien la plus belle époque de l'année.
> Commece, Dammoeta! Toi, Menalque, après lui;
> L'alternance des voix plaît aux Muses Camènes.

Observemos como Odorico e Valéry coincidem, com acerto, na tradução do início do v. 55. O mesmo não se pode dizer da "coincidência" entre o final do mesmo verso na tradução de Valéry e Silva Ramos. Se a solução *l'herbe tendre* funciona bem em francês, o mesmo não se pode dizer de *erva tenra* em português do Brasil, pelo menos. Silva Ramos teve sempre à mão tanto a tradução de Valéry quanto a de Odorico, mas a impressão que se tem é que ele nem sempre é feliz na hora de seguir um e outro. Sobre a minha tradução, cabe dizer que me permiti alguma liberdade no corte de certos elementos (*arbos*, *siluae*, sintetizados em *selva*), sem prejuízo do sentido. Preferi não me apegar ao sentido literal do segundo hemistíquio do v. 59, para atingir o sentido profundo da sentença e realçar a presença mágica do canto e das divindades. A alternância cantai/encantai pode parecer banal à primeira vista, mas se meditarmos na significação da palavra encanto, em português, e na dupla significação do termo latino *carmen*, subentendido no original, justifica-se o recurso adotado.

Buc. III, 60-63

Neste par de dísticos, cada um dos pastores dedica aos deuses de sua preferência, Júpiter e Apolo, o canto que estão começando. Na tradução mantive a repetição dos nomes destes deuses, visando à preservação da ênfase característica da linguagem religiosa, tendo feito o mesmo Silva Ramos. A leveza, a graça e a agilidade destes dísticos e dos demais que se seguem até a quadra com que Palêmon conclui esta écloga são produzidas pelos jogos aliterantes e paronomásticos. Ao querer reproduzir estes jogos, não o fiz buscando apenas uma repetição mecânica destes elementos, o que seria impossível e inútil, mas criar efeitos rítmicos que restituíssem, ao menos em parte, um pouco da técnica e da arte dos pastores-poeta, pois se trata, aqui, de um *desafio*, inclusive para o tradutor, de quem é o mais hábil nestas questões.

Buc. III, 64-83

Neste segmento do poema, têm-se cinco pares de
dísticos de temática amorosa. No v. 64, traduzi o aposto
lasciua puella pelo adjetivo *lasciva*, coerente com obser-
vação anteriormente feita. Poderia tê-lo traduzido por
galante, e não ficaria mau nem ritmicamente, nem do
ponto de vista das aliterações. No v. 69, Silva Ramos
traduz *aeriae palumbes* por *aéreas pombas*, nas pegadas
de Odorico que traduziu a expressão por *aéreos torcazes*.
Solução melhor encontrou Valéry ao atribuir o adjetivo,
não às pombas, mas ao lugar onde elas ficam, vertendo o
verso assim: *où les colombes font leurs nids aériens*, pois é
este, em suma, o sentido do adjetivo no verso em latim.
O verso 74, que Silva Ramos traduziu literalmente (*Que
vale, Amintas, que em teu ânimo me desdenhes*), preferi
traduzir um pouco mais livremente, me atendo mais às
possibilidades rítmicas do arranjo das palavras (*De que
adianta não me odiares, Amintas*). Observe-se, nos dois
últimos dísticos, sequências de versos com elipse verbal
que mantive na tradução.

Buc. III, 84-91

Nesta sequência de dois pares de dísticos de natureza
metalinguística, três destes dísticos fazem alusão a Pólio,
amigo e benfeitor de Virgílio. Traduzi o v. 85 (*Pierides,
uitulam lectori, pascite uestro*) mantendo esquema aliterativo
aproximado (*Pascei uma vitela ao vosso leitor, Piérides*). Os
nomes, Bávio e Mévio, referidos no v. 90, são, possivel-
mente, de poetas inimigos literários do autor e o sentido
do dístico é o de apontar para a confusão estética destes,

explicada aqui, jocosamente, a partir da experiência concreta do trabalho pastoril.

Buc. III, 92-107

Neste segmento final do canto *amebeu*, há, primeiro, uma sequência de dois pares de dísticos contendo conselhos práticos sobre assuntos pastoris: o cuidado com as serpentes, com o perigo que representam as margens para o rebanho e com o calor (v. 93-99); nos dois dísticos posteriores, retorna-se ao tema amoroso conjugado com os trabalhos com o gado. O duelo termina, em suspenso, com os dois pastores propondo, cada um, um enigma ao outro, mas sem apresentarem respostas. Observe-se, na minha tradução do v. 92-93, as aliteração frr/rff, inclusive atentando para o *enjambement* aliterado, *fraga/frigidus* que recriei em *rasteiros/rapazes*. O mesmo sucede na tradução de Odorico Mendes: *Vós que a rojo apanhais morango e flores/fugi, que jaz na grama a fria cobra.*

Buc. III, 108-111

Nesta quadra com que o poeta conclui a terceira écloga, Palêmon não atribui a nenhum dos contendores a vitória, considerando ambos dignos do prêmio e comparando a experiência do canto às doçuras e amargores da experiência amorosa. O fim do torneio coincide também com o fim dos trabalhos de irrigação da terra. Observe-se, no nível fônico, a paronomásia *amores/amaros*, no final dos v. 109 e 110, além do par aliterado *pueri/prata*, no verso final, aos quais respondi, sem dificuldades, com *amores/amaros* (tal como Odorico), e com a sequência aliterada *prendei/*

prados. A tradução de Silva Ramos para o verso final (*Fechai os regos, jovens, que as campinas já beberam*) não atinge a plasticidade nem a musicalidade do original, nem traduz completamente o sentido. Também não me parece boa a escolha de *regos* para traduzir *riuos*, por causa da conotação chula (dicionarizada) do vocábulo. Na concisão de seus decassílabos, Odorico fez melhor: *Tanque-se o arroio; abeberou-se o prado*.

Quarta Bucólica

Buc. IV, 1-3

Estes três primeiros versos formam o prólogo desta quarta écloga. No v. 1 o poeta invoca as Musas da poesia bucólica, chamando-as *sicelides*, adjetivo grego que significa sicilianas. Com isso, o poeta garante a filiação de seu poema ao siracusano Teócrito. No v. 2, há a referência aos *humiles myricae*, árvore sagrada de Apolo e símbolo de uma poesia menor. No v. 3, o poeta explicita, através do vocábulo *consule*, a dedicatória do poema. Em princípio, pensei em traduzir *Sicelides Musas* por *Musas de Siracusa*, por entender que o adjetivo, pela sua forma grega, se refere mais ao lugar de nascimento do poeta Teócrito, Siracusa, do que à ilha da Sicília, como um todo, e por entender também que a palavra Siracusa poderia restituir um pouco da sonoridade grega ao verso. Recuei desta solução, por achá-la tortuosa demais e por não estar seguro do efeito sonoro almejado. Contentei-me com o trivial, apenas garantindo a reprodução do par aliterado *Musae/maiora*, em *Musas/maior*. No verso 2, optei por não traduzir *arbusta*, termo bastante abrangente, por entender que o sentido do verso está completo com a referência aos *humildes tamarindos*, nome específico. Ao contrário, Valéry traduz englobando o específico no geral: *À tous ne convient pas l'hommage d'humbles plantes*. Do cotejo destas duas soluções, pode-se abstrair uma das diferenças conceituais (portanto, não acidentais) entre a minha prática de tradução e a de Valéry. Para mim, o nome (de árvore, divindade, lugar, homem, etc.) diz muito, desencadeia uma significação e deve permanecer na tradução. Para Valéry, muitas vezes, o nome é algo que se descarta ou se generaliza, em função do efeito musical e visual do verso, em francês. Quanto à tradução de Silva Ramos, cabe observar que a segunda parte do v. 1 (*Ó Musas da Sicília, erga-se um pouco o nosso tom*) é um rearranjo de parte da versão de Odorico Mendes para o mesmo verso: *O tom, Sícula Musa, erga-se um pouco*.

Buc. IV, 4-17

Após o prólogo, no qual o poeta justifica a matéria e o estilo elevados desta écloga, ele anuncia em tom profético, aludindo aos *carminis Cumaei*, o início de um novo tempo, com o retorno de *Virgo* (a Justiça) e do reino de Saturno, que coincidirá com o nascimento do menino, para quem o poeta pede a proteção de Lucina, divindade propiciadora dos partos. No v. 12, o poeta nomeia explicitamente o seu homenageado, sob cujo consulado acontecerão os eventos que mudarão o curso da história. Nos três versos finais do segmento, anuncia um futuro divino para o menino, que gozará da convivência dos imortais e regerá um mundo pacificado.

Começo a minha tradução destes versos com o advérbio *eis* (que Odorico também usa, mas não em posição inicial), correspondendo ao *voici* da tradução de Valéry (*Voici finir te temps marqué par la Sibylle*), o que instaura o tom solene do assunto tratado e mimetiza a linguagem oracular. Com o emprego de *Sibylle*, Valéry dá, de novo, mostra de como opera, transformando o específico no geral. Observe-se a anáfora de *iam*, nos v. 6 e 7, que reproduzi em minha versão. Procurei também, nos v. 8-10, manter a ordem dos termos e das orações que constituem um único período, através de hipérbatos, para fazer coincidir verso a verso, original e tradução, e assim, captar o fluxo das imagens, tal como elas aparecem, num discurso de natureza profética. Por último, chamo atenção para o jogo paronomástico *pais/paz* no v. 17 de minha tradução e que já se encontra em Silva Ramos, correspondendo a *pacatum/patriis* do original.

Buc. IV, 18-25

A partir deste ponto, o poeta interpelará diretamente o menino, profetizando acontecimentos que se sucederão simultaneamente ao transcurso de sua vida. Neste trecho, narra aqueles relativos ao nascimento. Nos v. 19 e 20, seguindo a tradução e as notas de João Pedro Mendes, preferi traduzir *baccare* e *colocasia* por *nardo* e *inhame*, ao invés de simplesmente transliterar os termos latinos, como faz Silva Ramos e Odorico Mendes. Note-se, nos v. 24 e 25, a anáfora com *enjambement*, *occidet/occidet*, que tanto Silva Ramos quanto eu mantivemos.

Buc. IV, 26-36

Neste trecho, são relatados os fatos que acompanharão o *puer* em sua adolescência, após a aquisição da capacidade de escrita e leitura e das virtudes militares, que lhe permitirão repetir os feitos dos heróis. No v. 30, optei por uma forma composta, *orvalho-mel*, para traduzir *roscida mella*. Na tradução do primeiro hemistíquio do v. 32, preferi, seguindo Odorico, manter o nome próprio *Tétis* a substituí-lo pelo substantivo comum *mares* (que é, enfim, o seu sentido imediato no verso), como o fazem Silva Ramos e Valéry. Creio que, assim fazendo, mesmo correndo o risco de uma certa obscuridade, permito ao leitor de minha tradução um contato mais direto com os modos de nomeação próprios do original. Tétis é também o nome da mãe de Aquiles, que encerra a sequência de cinco nomes próprios, num trecho (v. 31-36) em que se mesclam imagens de trabalho, viagens e guerras, marcando um retorno provisório ao estágio anterior à idade de ouro em curso.

Buc. IV, 37-47

Com o advento da idade adulta do *puer*, será restaurada definitivamente a nova ordem. A expressão metonímica *nautica pinus*, no v. 38, que Silva Ramos verteu literalmente por *pinho náutico*, traduzi por *nau de pinho*. Difícil decidir qual a opção mais acertada: manter a expressão com sua estrutura original e esperar que ela surta o mesmo efeito conotativo na tradução ou traduzi-la invertendo-lhe os termos e optando pela denotação. No v. 42, Silva Ramos traduz *discet mentiri* literalmente por *aprenderá a mentir*. Preferi, outra vez, um verbo (*simulará*) de sentido mais imediato e mais condizente com o sujeito.

Por último, será ilustrativo uma comparação entre as traduções dos v. 46 e 47: *"Talia saecla" suis dixerunt "currite" fusis/ concordes stabili fatorun numine Parcae*. Vejamos a de Silva Ramos: *"Fiai séculos tais"* – disseram as Parcas aos seus *fusos,/ concordes com o poder inalterável dos destinos.* A expressão de Silva Ramos "*Fiai séculos tais*" traduzindo *Talia saecla currite* é ruim do ponto de visto sonoro e rítmico. A solução de Odorico é natural e engenhosa, atribuindo a ordem expressa pelo imperativo *currite* não aos *fusis*, mas aos *saecla*: *Eras, correi, que em firme acordo os fados/ E as Parcas em seus fusos revolveram.* A minha tradução, sem romper com a sintaxe do original, ficou, primeiramente, assim: *Os séculos fiai! Disseram aos seus fusos,/ as Parcas, com o fado imutável, concordes.* Admito que, do ponto de vista semiótico, a solução de Odorico Mendes para estes versos é a melhor, pois, com um simples deslocamento sintático, conseguiu captar o dinamismo da imagem original, sem qualquer infidelidade ao sentido. Aliás, mantendo o sema de *currite*, na tradução, Odorico foi mais fiel do que Silva Ramos, Valéry e eu, pois seguindo uma exegese convencional ao traduzir *currite* por *fiai*, repetimos o sema contido em *fusis* e perdemos a ideia, importantíssima, de "pressa" contida em *currite*. A título de verificação, vejamos também a tradução de Valéry: *Aux arrêts du destin les Parques accordées/ Ont dit à leurs fuseaux: Filez toujours ce temps.* Instigado por Odorico Mendes, modifiquei a minha tradução para: *"Ó séculos, correi!" Revolveram seus fusos/ as Parcas, com o fado imutável concordes.*

Buc. IV, 48-59

Envolto na contemplação do mundo pacificado, em plena Idade de Ouro, o poeta incita, solenemente, o *puer* a assumir *magnos honores*, uma referência direta ao *cursus honorum*, ou seja, à carreira política a que estava destinado, como membro da aristocracia romana. Daí que optei por não traduzir literalmente a expressão como fez Silva Ramos (*grandes honras*). Observe-se também, que os v. 48 e 49, em Silva Ramos (*Já logo será tempo, marcha para as grandes honras,/cara prole dos deuses, grande filho, tu, de Júpiter!*), são bastante frouxos, principalmente pelo uso da expressão redundante *Já logo* e por um *tu*, usado como tapa-buraco. Atento à sonoridade solene destes versos, cheios de ressonâncias (*adgrederel aderit, ol honores, honoresl soboles*), procurei recriá-las assim: *ASSUME (Já é Tempo) a Tua alta MISSÃO/ó SEMENTE DIvina, alta esTIRPE DE JúPITER!*

Nos três versos seguintes, o poeta convida o menino a contemplar a estrutura cósmica do mundo, o seu movimento e a alegria que se expande por toda parte com a chegada dos novos tempos. A tradução de Silva Ramos para o v. 50 (*Vê como estão de acordo o mundo de pesada abóbada*) é por demais explicativa e não corresponde à estrutura do verso (o original começa com forma a verbal *aspice*, (que se repete anaforicamente no v. 52) seguida de um complemento, todo ele composto de formais nominais que se desenvolvem, no verso seguinte, cumulativamente. Atente-se também para a anáfora (que Silva Ramos não mantém) e repetições nos v. 58 e 59, com que o poeta conclui este segmento de seu canto, que, depois de evocar Orfeu, Lino (ambos duas vezes nomeados) Calíope e Apolo, desafia o próprio Pã a um hipotético duelo na Arcádia.

Buc. IV, 60-63

Nesta quadra final, o poeta abandona o tom eloquente do trecho anterior, e se dirige ao menino de forma carinhosa e familiar, compondo uma espécie de acalanto, enfatizado pela longa anáfora *incipe, parue puer* nos v. 60 e 62. A expressão *decem menses*, que em latim significa dez meses lunares, foi traduzida literalmente por Silva Ramos como *dez meses* (também Valéry incorreu no mesmo erro, vertendo-a por *dix longs mois)*, fazendo, desta forma, o menino, permanecer um mês a mais na barriga da mãe. Odorico traduziu corretamente a expressão latina por *dez luas*. Eu preferi refazer a matemática virgiliana, traduzindo-a simplesmente por *nove meses*, no sentido de não criar estranhamento onde não há.

Quinta Bucólica

Buc. V, 1-19

Este trecho se constitui num diálogo introdutório, entre Menalcas e Mopso, uma espécie de preâmbulo ao canto sobre a morte de Dáfnis, que, junto com o canto de sua apoteose, forma o núcleo sobre o qual gravitam este e os outros diálogos do poema. Os três primeiros versos de Menalcas é um convite ao canto dirigido a Mopso, ao mesmo tempo em que faz um elogio da habilidade musical e poética de ambos e descreve o cenário: *hic corylis mixtas inter ulmos*. Como se trata de um único e longo período perfazendo a totalidade dos três versos, procurei traduzi-los na ordem em que aparecem no original. A resposta de Mopso em quatro versos é de aceitação do convite, aproveitando o ensejo para completar a pintura do cenário, a gruta, onde *siluestris raris sparsit labrusca racemis* (v. 7) ou, na tradução de Odorico Mendes, *lastram labruscas de racimos raros*.

Buc. V, 20-44

Findo o breve diálogo inicial, Mopso profere uma espécie de hino fúnebre em homenagem a Dáfnis, herói semidivino, pastor e poeta árcade. Quanto à tradução de Silva Ramos, os reparos que faço são, no v. 20, quando traduz *Exstintum crudeli funere* por *Morto de fim cruel*, que me parece, no mínimo, confusa, e quando traduz, no v. 36, *grandia hordea* por *cevadas grandes*, em que o adjetivo em português não recobre a significação do adjetivo latino, em contraste com *infelix* e *steriles*. No verso 27, onde Silva Ramos traduziu *Poenos leones* por *leões púnicos* e Odorico Mendes por *Púnicos leões*, preferi, seguindo Valéry (*lions d'Afrique*), traduzir por *leões da África*.

O dístico final, v. 43 e 44, que compõe o epitáfio de Dáfnis, merece um comentário à parte. Traduzi-o, levando em conta a sua forma breve e lacunar, assim: *Eu, Dáfnis, fui famoso em selvas e nos céus;/de um formoso gado o guarda mais formoso*. Traduziu-o também, de forma lapidar, Odorico Mendes: *Sou Dáfnis, desde a selva aos astros noto,/ De belo gado guardador mais belo*.

Buc. V, 45-55

Neste diálogo intermediário, destaco o v. 49, na tradução de Silva Ramos, como exemplo de literalismo com resultado próximo ao absurdo: *Jovem afortunado, tu és agora um outro ele*. Odorico Mendes, mais sensatamente, traduziu: *Segundo lhe serás, feliz mancebo*. Valéry verteu por *Tu seras, bel enfant, le premier après lui*. Na mesma linha, traduzi por *rapaz de sorte, agora és o seu sucessor*.

Buc. V, 56-80

Ao canto de Mopso responde Menalcas com um hino, cantando a apoteose de Dáfnis, sua chegada ao Olimpo, a influência deste acontecimento sobre a Arcádia e a instituição de seu culto, como uma divindade ligada aos ritos de fertilidade, em companhia de Baco, Ceres, Pã, Sátiros e Ninfas. *Candidus*, no v. 56, que Valéry traduziu por *vêtu de blanc*, preferi, sob o influxo de *radieux* da tradução de Saint-Denis, traduzir por *radiante*. Observem-se, no mesmo verso, as assonâncias que produzi na minha tradução, *Radiante, admira o limiar do Olimpo* (rADiante/ADmira, adMIRA/liMIAR, O LIMiar/OLIMpo), no sentido de responder iconicamente à ideia de luminosidade expressa no verso. Uma versão anterior deste verso, que abandonei, dizia: *Radiante, o umbral do Olimpo vislumbra*. Apesar do par sonoro *umbral/vislumbra* e da sequência de sílabas em u alternando com sílabas em *i*, como no original, entendi que não poderia deixar cair sombra (*umbra*) na soleira insólita do Olimpo.

Procurei também recriar uma espécie de coreografia implícita no verso 73, como sugere o original: *quAL SÁTiros SALTando ALFesibeu FarÁ*. Odorico Mendes traduz o mesmo verso, acrescentando um de seus famigerados compostos: *Alfesibeu dançando/ Os caprípedes Sátiros imite*. A tradução de Silva Ramos, *Alfesibeu imitará os Sátiros que dançam*, é pálida. O v. 71 que traduzi por *verterei de Ariúsio um vinho, novo néctar*, Valéry traduziu por *Le vin neuf d'Arusie e le nectar de Chypre*, acrescentando o topônimo *Chypre* que não consta do original, creio que para explicitar o topônimo anteriormente citado. O contrário acontece mais adiante na tradução de Valéry, quando ele subtrai um dos quatro termos do símile que compõe os v. 76-78, que, com extrema dificuldade, traduzi integralmente. E que Valéry, economizando cigarra e orvalho, verteu:

Ton nom sera chez nous aussi longtemps loué,

Qu'on verra les poissons dans les onde se plaire,

L'abeille aimer le thym, le sanglier les monts.

Buc. V, 81-90

O diálogo final, composto de três falas, uma de Mopso, expressando, através de *adynata*, o seu contentamento com o canto de Menalcas; outra de Menalcas, ofertando a Mopso a flauta com que modulou a segunda e terceira bucólicas, cujos fragmentos do primeiro verso de cada uma delas cita; e, por último, Mopso encerra a quinta bucólica oferecendo a Menalcas um belo cajado de pastor. Na minha tradução dos v. 86 e 87 procurei uma exata correspondência entre as palavras citadas para identificar a segunda e a terceira bucólica, ao mesmo tempo fazendo-as coincidir com a tradução já efetuada anteriormente de cada verso, o que não acontece na tradução de Valéry que apresenta versões diferentes para os mesmos versos e seus fragmentos, destruindo em parte o jogo das citações. As soluções de Silva Ramos, embora não desequilibrem o jogo das citações, não radicalizam o procedimento, pois, mesmo fazendo uso de uma métrica larga, não consegue dispor de todas as palavras que o original escolheu para identificar a segunda écloga (deixando de fora o adjetivo *formosum* e o nome próprio *Alexim*), e, quanto à terceira, acrescenta o nome de Dametas, não selecionado no original. A tradução de Odorico Mendes é mais homogênea, pois ele repete exatamente em *Buc.* V, 86 e 87, os versos que ele traduziu em *Buc.* II, 1 e III, 1.

Por último, fiz questão de manter o adjetivo *formoso* no verso final, pois acredito que estas repetições tão próximas sejam métrica e musicalmente motivadas, fazendo o mesmo papel de expressões formulares, como na poesia oral épica; além disso, a repetição produz a ênfase no plano do conteúdo.

Sexta Bucólica

Buc. VI, 1-12

Estes doze primeiros versos constituem o prólogo, em que o poeta, invocando a musa Tália e os versos à moda de Siracusa garante ao seu canto a filiação à tradição bucólica. Referindo-se também a Apolo, sob os epítetos de Cíntio e Febo, o poeta reafirma a simplicidade de sua arte e dedica a écloga a Varo, escusando-se, no entanto, de cantar os feitos militares de seu homenageado, numa espécie de *recusatio*, operação retórica comum na poesia clássica. Procurei traduzir os dois primeiros versos na ordem em que aparecem, transpondo algo da estrutura original de cada um para o novo texto. Evitei, por razão de eufonia, traduzir *uersu Syracosio* por *verso siracúsio* (como fez Silva Ramos, na esteira de *Siracúsios modos*, de Odorico Mendes) ou *verso siracusano* (como Valéry em *vers Syracusain)* que, ao contrário do primeiro, está dicionarizado, mas soa pior aos ouvidos. É significativo que o nome da deusa Tália venha no final do v. 2 e não no começo do v. 1 como estão em todas as traduções. Não se trata de uma invocação solene às musas, mas de um comentário metalinguístico evocando Tália (que Valéry generaliza em *Ma Muse)*, musa da poesia pastoril e da comédia. O puxão de orelha de Apolo no poeta, no verso seguinte, é um modo burlesco de continuar este comentário, contrapondo a poesia bucólica à poesia épica, que, supostamente, seria mais adequada para uma homenagem a Varo.

Buc. VI, 13-26

Este trecho narra, também em modo burlesco, a captura de Sileno por dois pastores e uma Náiade, quando dormia, bêbado, numa gruta. No v. 15, traduzi *Iaccho* por *licor de Iaco*, como fez João Pedro Mendes e Saint-Denis, *liqueur d'Iacchus*. Poderia traduzir simplesmente *Iaccho* por vinho, como fez Odorico, Silva Ramos e Valéry, mas dentro do meu propósito de manter todos os nomes próprios, preferi a expressão acima com o nome do deus, mesmo correndo o risco de obscurecer um pouco o sentido do verso. Comparem-se agora, as traduções dos v. 20-22, de Odorico Mendes e de Silva Ramos:

Egle, a belíssima das Náiades, chegando Egle,
junta-se ao par de tímidos; e, abrindo o outro os olhos,
mancha-lhe a fronte e a têmpora de amoras cor de sangue.

Observe-se, em Odorico, a economia verbal de suas soluções que se justificam, mesmo quando ele se cola por demais à letra do original, como no caso do emprego de *tímidos*, cujo sentido etimológico já está um tanto distante da sensibilidade do leitor contemporâneo por causa da sentido psicológico que o termo adquiriu. O mesmo não se pode dizer da solução *par de tímidos*, em Silva Ramos, em que não há ganho algum, além de obscurecer o verso, que preferi traduzir sem destacar o atributo, mas a sua significação mais imediata.

Buc. VI, 27-30

Estes quatro versos são uma espécie de prólogo do canto de Sileno. Segundo Saint-Denis (1987, p. 125) nestes versos está a chave do poema. Ele não disse por que, mas intuo que, pela evocação de divindades como Faunos, Apolo e Orfeu e das feras e dos montes Parnaso, Ródope e Ísmaro, envolvidos num movimento de música e dança, o canto de Sileno se apresenta como o próprio canto e dança destas divindades, surpreendidas no instante mesmo de sua execução. Daí que, atento à partitura original, procurei fazer estes versos cantarem e dançarem também em português:

> Faunos e FEras, veDE, EM tal caDÊNCia DANÇam
> e balANÇAM a Copa os rígidos Carvalhos.
> NEM tanto alEgRA FEbo as PEdRAs do Parnaso,
> NEM a OrFEu adMIRA o ÍsMARO ou o Ródope.

Buc. VI, 31-40

Momento cosmogônico, este trecho descreve à moda epicúrea a origem do universo, dos seres e das coisas. Louve-se a leveza com que Odorico Mendes traduz este passo, principalmente os dois versos finais, em que, com a repetição do advérbio *eis*, consegue reencenar o surgimento do mundo e dos seres vivos. O mesmo não sucede com o verso descolorido de Silva Ramos:

> e como principiaram as florestas a surgir,
> com raros animais vagando em montes surpreendidos.

Buc. VI, 41-60

Os versos 41-42 apresentam a dificuldade de comportarem quatro nomes próprios, o que me levou a radicalizar o processo enumerativo do original, usando de extrema concisão, mas mantendo integralmente as referências mitológicas, todas ligadas ao ciclo dos primórdios do mundo. Os 43-44 evocam brevemente um episódio do ciclo dos Argonautas, sobre a morte de Hilas, amado de Hércules, que serve como uma espécie de gancho para o episódio, relatando o amor desesperado de Pasífae pelo touro, que será desenvolvido nos versos seguintes, junto com os das Prétides que lhe servem de contraponto. Destaco, em minha tradução, os versos 52-60, para os quais criei aliterações e recorrências sonoras que correspondessem ao original.

Buc. VI, 61-73

O verso 61 é uma referência breve ao mito de Atalanta e os v. 62-63 condensam a história das filhas do Sol captada pelo canto de Sileno no momento de metamorfose. Segue-se, então, até o final desta parte, o episódio da apoteose de Galo, poeta contemporâneo de Virgílio, que será assunto da décima écloga. Silva Ramos, no v. 65, traduz *una sororum* literalmente por *uma das irmãs*, o que leva naturalmente o leitor a pensar que se trata de uma das *irmãs de Faetonte*, referidas no v. 62, quando se trata de uma das nove irmãs, as Musas. Observe-se, também, neste trecho, que, atendendo às inúmeras sugestões do original, procurei recriar o assunto, mantendo a sequência dos nomes gregos e tentando extrair deles o máximo, sonoramente, um tanto, na contramão de Valéry que, muitas vezes, quando simplesmente não omite uma referência mitológica, troca os nomes por outros mais acessíveis ao leitor.

Buc. VI, 74-81

Seguindo o curso das metamorfoses, o canto de Sileno alude ao episódio da Odisseia, em que Cila, transformada em monstro marinho devora os companheiros de Ulisses e ao episódio do banquete antropofágico, oferecido a Tereu por Filomela e a transformação desta em pássaro, encerrando assim a longa sequência de alusões mitológicas. Digna de destaque a tradução de Odorico Mendes deste trecho, pela plasticidade e musicalidade com que resgatou em português o estilo ágil e alusivo desta écloga.

Buc. VI, 82-86

Nestes cinco versos finais, o poeta afirma a origem apolínea do canto de Sileno, que o aprendeu do rio Eurotas e dos loureiros que abundam em suas margens. O poema termina, como sempre, com o fim do dia e dos trabalhos no campo e com a chegada de Vésper. Sendo o assunto desta écloga o próprio canto, não poderia descurar dos elementos fônicos que fazem a diferença entre prosa e poesia. Também, neste trecho final, quis que os versos soassem como música. Atente-se para a sequência de *ii* do verso final que tentei reproduzir, no sentido de gerar o efeito imagético da cintilação da estrela Vésper.

Sétima Bucólica

Buc. VII, 1-5

Estes cinco primeiros versos atuam como um prelúdio desta écloga que, após o prólogo de Melibeu, se desenvolverá sob a estrutura de um canto *amebeu* entre os pastores Córidon e Tírsis. O verso inicial descreve o cenário habitual do canto, iluminado pela presença paradigmática do nome *Daphnis*. Seguindo a sugestão da imagem da *sonora azinheira*, cujas folhas, segundo Plessis, vibram e cantam sob a ação da brisa, fiz o v. 1 conter o esquema aliterativo ssdsd; no v. 2 e 3, mantive o quiasmo original *Corydon, Thirsis/ Thirsis, Corydon.* e ao jogo sonoro *pares/ parati* repliquei com *afins/afiados*, no v. 5. A tradução de Silva Ramos, embora mantenha a repetição dos nomes nos v. 2 e 3, não reproduz o quiasmo, nem no v. 5 se preocupa com as recorrências sonoras do original. Ao contrário, Odorico Mendes está atento aos detalhes da construção textual original e a eles responde sempre com novos lances. Ressalte-se, além das aliterações (ssaa, no v. 1; cc, no v. 3; aa/aaa, nos v. 4 e 5), a economia verbal do tradutor ao traduzir os v. 2 e 3, mantendo a estrutura do quiasmo e, no v. 5, o jogo sonoro *iguais/agudos*, correspondendo com perfeita simetria à sonoridade virgiliana.

Buc. VII, 6-20

Segue-se aqui uma narrativa, em tom de mimo, do encontro de Dáfnis e Melibeu, e a aceitação, da parte deste, do convite para presenciar o desafio entre os dois pastores. Procurei na tradução, através da reconstituição dos vários esquemas aliterativos, que um simples cotejo pode verificar, tornar ágil a linguagem destes versos e assim atingir o efeito poético burlesco. Neste sentido, a tradução de Valéry, que transcrevo abaixo, é primorosa:

> J'étais à protéger du froid mes frêles myrtes,
> Quand s'égara mon bouc, et j'apercus Daphnis.
> Je le vois, il me voit: "Viens vite, Mélibée,
> Dit-il, ton bouc est sauf, et saufs sont tes chevreaux.
> Viens à l'ombre t'asseoir, si tu n'as rien à faire.
> Tes boeufs viendront tout seuls s'abreuver par ici.
> Vois ce vert Mincius tout voilé de roseaux,
> Dans ce chêne sacré vibre un essaim d'abeilles".
> Que faire? Je n'avais Alcipe ni Phillis
> Pour rentrer les agneaux nouvellement sevrés.
> Corydon et Thyrsis devaient se mesurer.
> Ma foi, j'ai préféré leurs jeux à mes devoirs.
> Ils commencèrent donc à chanter tour à tour;
> Et d'abord, Corydon; puis Thyrsis, en réponse.
> Les Muses désirent ces échanges de voix.

No original latino, no v. 6, há o esquema aliterativo mddm, além da sequência *defendo a frigore*, com os dois efes em sílabas tônicas; têm-se, em contrapartida, em francês, o esquema aliterativo fmfm. No v. 8, o esquema original é em iuui; em Valéry, vmvvvm. No v. 9, para o original com aliterações em sccs, têm-se, na tradução, atta, além da recorrência sonora *viens/rien*. No v. 11, para ipppi do latim, o francês tem ttss, como aliterações. E assim sucede com os demais versos, todos construídos levando em conta às provocações sonoras do original. Chamo atenção somente para um último detalhe, a homofonia entre os finais dos v. 17 (*devoirs*) e 20 (*de voix*), recurso recorrente na construção poética em Valéry. De Silva Ramos, parece carecer de sentido, a sequência defeituosa [...] *e enquanto isso aqui/ o macho vaga do rebanho, o próprio bode*; que corresponde a fragmentos dos v. 6 e 7. A inabilidade do poeta tradutor aqui, está em não entender que a inversão só pode ser feita se ela permitir uma leitura, no sentido performático e conceitual do termo. Também o v. 13, *e no oco do sagrado roble runem os exames*, apresenta um problema que pode ser uma simples gralha (runem por zunem), ou outra coisa, já que "runem" forma um par aliterado com roble.

Buc. VII, 21-28

Diferentemente de Silva Ramos (*Ninfas Libétrides*), no v. 21 traduzi o vocativo, mantendo o mesmo andamento do original, tal como fez Valéry (*Ô Nymphes, mon amour, ô Libethrides*). Do mesmo modo, procedi nos v. 25 e 26, separando, como no original, *pastores* e *árcades*, que Silva Ramos preferiu juntar num só vocativo, *Ó pastores da Arcádia*, e Valéry omitir o segundo termo. *Arcades* se liga gramaticalmente a *pastores*, e, de acordo com Pléssis, está bem posto, próximo a *poetam*, e não seria preciso na tradução ligar os dois termos.

Buc. VII, 37-40

Traduzir o v. 37 foi, particularmente, um desafio: primeiro pela sua sonoridade grega, a começar pelo adjetivo grego *nerine* que acompanha o vocativo *Galatea*, passando pelo substantivo *thymo*, nome de árvore, e terminando com o topônimo *Hyblae*. Além disso, este verso inicia uma série de comparações de superioridade. Impossibilitado de acomodar todos esses elementos no verso de doze sílabas, escolhi, numa primeira etapa, sacrificar o adjetivo *nerine*, ainda que a contragosto, por entender que o sentido geral continua preservado com a omissão. Entendo também que o adjetivo *nerine* esteja qualificando Galateia, a namorada de Córidon, e não propriamente a ninfa de mesmo nome, como sugere uma primeira leitura do verso. O efeito poético que sucede no original e que, infelizmente se perderia com a omissão na tradução, é a justaposição das duas figuras, a humana e divina. Traduzir *nerine* por *Nereida*, como fez Silva Ramos, também não é uma boa solução, pois destrói a ambiguidade apontada acima. Fez melhor Odorico Mendes, ao traduzir *nerine* por outro adjetivo, *nerina*. Valéry, ao traduzir o v. 37 por *Galatée, qui m'es plus douce que le tym*, confirma a sua tendência de traduzir o essencial, aparando os detalhes, quando estes não cabem dentro do verso. Finalmente, absorvendo a lição de Virgílio, nos versos 21 e 25-26, já comentados, consegui acomodar o epíteto *Nerina* no final da sequência (v. 40), criando assim uma ênfase e ao mesmo tempo mantendo a ambiguidade "humanodivina" de Galateia. Esta solução, que estava tão próxima, só me veio depois de muito matutar, pois me exasperava a ideia de deixar para trás o vocábulo em questão e quebrar o compromisso de transliterar todos os nomes próprios e epítetos derivados destes.

Buc. VII, 61-68

Estas duas quadras finais, à maneira de um catálogo, alternam nomes de árvores, deuses e pessoas. Traduzi-las exigiu uma operação de síntese símile à do original. Observe-se primeiramente nos v. 61 e 62 o adjetivo *gratissima*, grau superlativo, com o verbo *essere* elíptico, que, seguindo Odorico Mendes, traduzi pela forma verbal *ama*, antecipando o *amat* do v. 63. Mantive a repetição dos nomes próprios quando isso ocorreu, procurando preservar o desenho original do verso e da estrofe. No mais, criei sonoridades que pudessem tornar atraentes as estruturas verbais traduzidas. Louvem-se em Odorico as soluções sonoramente harmoniosas. No primeiro verso, temos a sequência *AL-AMo Alcides AMa*, que imitei na minha versão (*Ama o Álamo Alcida*). Observem-se também as discretas rimas toantes (vide, mirto e Fílis) com que encerra os três primeiros versos, além da rima cruzada (aveleiras/vencê-las) nos penúltimo e último versos. Quanto às soluções de Silva Ramos, basta-nos deter um instante nos v. 61 e 62, em que repete três vezes a forma verbal *agrada* , indo na contramão do original, cuja força expressiva está justamente na sua forma elíptica:

> O choupo agrada a Hércules, a vide agrada a Baco,
> o mirto agrada à bela Vênus, seu loureiro a Febo;
> Fílis preza a avelã; e enquanto Fílis a prezar
> nem mirto nem loureiro vencerão as avelãs.

Observe-se também, na tradução de Silva Ramos, a substituição de Alcida por Hércules e de Iaco por Baco, tal como costuma fazer Valéry, como uma forma de tradução dos termos da mitologia por outros mais próximos do leitor. Além disso, atente-se para a não repetição do nome Febo, fechando a estrofe, como sucede no original. Na estrofe seguinte, v. 65-69, Silva Ramos desempenha com grande felicidade a sua tarefa, mantendo-se muito próximo à expressão do original:

Lindíssimo na mata é o freixo, o pinho nos jardins,
o choupo à beira-rio, o abeto nas montanhas altas;
mas se me vires mais amiúde, ó Lícidas formoso,
o freixo ceder-te-á na mata, o pinho nos jardins.

É interessante observar como, neste passo, Silva Ramos
nada acrescentou ou repetiu por razões métricas, além de
ter respeitado a estrutura circular da estrofe, mantendo
iguais os finais dos v. 65 e 69. A única ressalva que faço diz
respeito ao uso da mesóclise no v. 69, que não combina
com o lirismo destes versos.

Oitava Bucólica

Buc. VIII, 1-5

Estes cinco primeiros versos formam o prelúdio desta
écloga e contêm uma estrutura circular: o v. 1 é retomado
com algumas alterações no v. 5. Em minha tradução, estive
atento a este importante detalhe, principalmente, fazendo
coincidir o final dos versos citados. Estive tentado a traduzir
musam por *musa*, no intuito de captar o sentido mágico
do vocábulo, mas acabei por preferir manter o sentido pri-
mitivo de *canção*, em cuja acepção está empregado nestes
versos. Comparemos com a versão de Odorico Mendes,
a quem não faltou atenção para com o desenho original
destes versos. Nunca é demais observar que, apesar de sua
extrema concisão, os versos de Odorico procuram sempre
reproduzir as repetições intencionais dos versos de Virgílio.

A tradução de Silva Ramos para este trecho não é
das mais felizes, primeiro, por não obedecer ao desenho
original, procedendo à repetição dos nomes dos pastores,

fora dos finais dos v. 1 e 5; depois, o prosaísmo dos nexos sintáticos *com que* e *com os quais* e as inversões claudicantes destroem o encanto musical cujo efeito sob a natureza é o assunto destes versos:

> De Dâmon e de Alfesibeu, pastores, os cantores,
> com que a novilha, embevecida a ouvi-los competir,
> as ervas esqueceu; com os quais os linces comoveram-se
> e os rios, demudados, estacaram suas águas:
> de Dâmon e de Alfesibeu diremos os cantares.

Já a tradução de Valéry desfaz completamente a estrutura original deste prelúdio, alterando a ordem dos versos e deixando de fazer as repetições dos nomes dos pastores, destruindo, assim, o paralelismo entre o v. 1 e 5:

> Je redirai les chants de nos bergers poètes,
> Ce que chantait Damon avec Alphésibée,
> Ce qui rendait les boeufs distraits de l'herbe tendre,
> Les lynx tout étonnés d'ouïr ces deux rivaux,
> Et les fleuves saisis, en suspendre leurs cours.

Buc. VIII, 16-62

O canto de Dámon começa com uma invocação a *Lúcifer*, a estrela da manhã. Hesitei, no começo, em manter este nome, tão carregado de conotações negativas em nossa tradição cristã; mas, enfim, mantive-o, como o fizeram Silva Ramos, Odorico Mendes e Paul Valéry. O estribilho *Incipe Maenalios mecum, mea tibia, uersus* que se repete nove vezes no canto de Dámon, foi traduzido por: *Modula, minha flauta, estes versos do Ménalo.* Levei em consideração o aspecto sonoro da sentença em latim, principalmente, a sequência aliterada de três emes. A tradução de Silva Ramos *Põe-te a cantar versos do Mênalo comigo, ó frauta* contém, apesar de sua sonoridade agradável, a impropriedade de sugerir à flauta algo que ela não pode fazer. A tradução de Odorico *Menálios, flauta minha, ajuda os versos* não é das mais inspiradas e a de Valéry também não explora a fundo as recorrências sonoras do original: *Ma flûte, préludons aux chants Menaliens.*

Um dos mais belos momentos deste canto é quando Dámon relembra os remotos encontros com sua amada, numa idade quase infantil. O trecho (v. 37-45) está repleto de aliterações, utilizando uma linguagem ágil, composta de muitos monossílabos e dissílabos, detalhes que busquei reproduzir na minha tradução. Chamo atenção principalmente para o verso final no original latino, *ut uidi, ut perii, ut me malus abstulit error,* em que, buscando compensar a tríplice repetição da conjunção *ut,* criei um andamento frasal semelhante ao original e um esquema aliterante mffm, além das recorrências sonoras em vER-te/pERdi/ERro.

Silva Ramos se perde na tradução quando traduz literalmente perífrases verbais, como no v. 39 (*alter ab undecimo tum me iam acceperat annus*), fazendo soar artificial um procedimento comum da poesia clássica: *no ano seguinte ao décimo primeiro eu já entrara.* É interessante, também, a série de *adynata* de que se compõem os v. 53-57. À sequência das formas verbais *fugiat, ferant* e *floreat* fiz corresponder em português *fuja, forneçam* e *floresça,* e mantive a repetição do nome Orfeu, no final do v. 55 e no começo do 56, concluindo este verso com o nome Árion, tal como no original. Também Silva Ramos não faz má figura neste trecho, do qual nos dá uma tradução sem atropelos e acréscimos, além de recriar com exatidão os esquemas aliterativos do original:

Agora o lobo fuja das ovelhas; frutos de ouro
os duros robles deem; floresça o amieiro de narcisos;
suem da casca os tamarizes untuoso âmbar;
cante a coruja como o cisne; Orfeu, que o seja Títiro,
Orfeu nas selvas, e no meio dos delfins Aríon.

Buc. VIII, 65-110

O canto de Alfesibeu, tal como o de Dámon, também é marcado por um estribilho que se repete nove vezes: *Ducite ab urbe domum, mea carmina, ducite Daphnim*. A tradução que fiz, *Encantos meus trazei da cidade o meu Dáfnis*, levou em conta, primeiro, o caráter encantatório da fórmula, evidenciado pela repetição da forma verbal imperativa *ducite*, pela exaustiva repetição da consoante d em posição inicial (quatro vezes), além da dimensão mágica do vocábulo *carmen* (no plural em latim, *carmina*), que significa, além de canto, fórmula encantatória, palavra mágica. A par desta dimensão mágica, este estribilho encerra em si um conflito que permeia as *Bucólicas* em sua totalidade: o conflito entre o campo e a cidade, a *urb*, que aparece, ora como causadora dos males que atingem o campo, ora como lugar de redenção. Daí que, em minha tradução, procurei não apagar este conflito, me esforçando por incluir o vocábulo *cidade* no estribilho, ainda que sob a ameaça de romper com a harmonia encantatória da fórmula mágica. Compensando a perda da repetição da forma verbal imperativa, repeti o pronome possessivo *meu*, no sentido de recriar o efeito encantatório e enfático do original. Colocando a ênfase sobre o possessivo, realço a dualidade, presença/ausência do objeto do desejo, que constitui a essência do ato de magia descrito no canto de Alfesibeu. A tradução de Silva Ramos, preocupada em encontrar um correspondente vernáculo para cada vocábulo latino, não atenta para as repetições características de toda linguagem formular: *Trazei-me Dáfnis da cidade a minha casa, ó encantos!* Odorico, tendo que sacrificar algo, prefere sempre a fidelidade à forma: *Trazei-me, versos meus, trazei-me, Dáfnis.* Valéry, ao traduzir *mea carmina* por *mes charmes*, além de chamar a atenção do leitor para o duplo sentido etimológico comum aos vocábulos latino e francês, faz também uma discreta referência a sua própria poesia. Como se pode ver, não faltam recorrências de toda ordem, inclusive sonoras, no verso de Valéry: *Mes charmes, ramenez mon Daphnis de la ville.*

É importante ressaltar aqui a mestria com que Valéry traduziu o canto de Alfesibeu, impregnando-o, inteiramente, de ressonâncias e ecos, e recriando os torneios verbais do original com outros, em francês, que demonstram a sua capacidade de absorção de formas dadas e a autonomia e a liberdade do tradutor para propor formas equivalentes, que desenvolvem certas tendências do original, sem, no entanto, cometer extrapolações. Para melhor compreender esta operação, analisemos os v. 81-84, na tradução de Valéry:

> Comme fond cette cire et durcit cet argile,
> Et par le même feu, tel mon coeur pour Daphnis:
> Répands cette farine; enflamme ces lauriers;
> Je brûle en les brûlant ce Daphnis qui me brûle.

Observe-se como Valéry, além de encontrar correspondência para a repetição da conjunção *ut* através dos demonstrativos *cette, cet,* cria a sequência *CIre, durCIt* e *arGIle,* que responde adequadamente a *LImus, dures-CIT* e *LIquesCIT.* Mais admirável, porém, é a maneira como traduziu o verso final, pondo a ênfase sobre o verbo *brûler,* três vezes empregado, em contraposição ao original, que repete *laurum,* já referido no verso anterior, e cita duas vezes, no v. 84, o nome *Daphnis,* uma vez no nominativo e outra no ablativo, *Daphnide.* Reinterpretando, pois, o pensamento e a forma da poesia de Virgílio, Valéry chega a uma expressão lapidar, que em nada se afasta do original ou fica-lhe a dever em termos de eficácia literária.

A tradução que apresento para o mesmo trecho pode servir para uma compreensão efetiva das diferenças de propósitos entre minha prática e a de Valéry (estou comparando, neste caso, propósitos e não resultados). Creio que a personalidade poética de Valéry, ou melhor, a sua *persona* textual muitas vezes se sobrepõe à de Virgílio e o resultado disso é quase sempre eficaz, dada a convergência de intenção. No meu caso, a liberdade que me dou é mínima. Procuro sempre redesenhar o texto da tradução, mantendo as marcações do original, o que nem sempre é possível ou, diria Valéry, nem sempre é desejável. Vê-se que procurei recriar as aliterações e as recorrências sonoras, além de me manter muito próximo da *letra* do original, respeitando a ordem frasal, as repetições e elipses do texto. A título de exercício, traduzi o v. 84, a partir da lição de Valéry e ficou assim: *Ao queimá-los, eu queimo o Dáfnis que me queima.* Bem, em matéria de poesia, nem sempre uma boa lição, deve ser seguida à risca.

Nona Bucólica

Buc. IX, 1

As duas palavras mais importantes deste verso-pergunta, com o qual se abre a nona bucólica, são: *pedes*, porque indica o processo, a caminhada, a viagem a pé, que possibilita não só o encontro e o diálogo entre os dois pastores, como atingir o destino; e, *urbem*, que é o ponto de chegada, o polo sempre distante ao qual se dirigem os pastores quando precisam resolver algo que extrapola e desconserta o seu mundo. Valéry assim traduziu o v. 1: *Où vont tes pas, Moeris? Du cotè de la Ville?* Na minha tradução, segui os passos de Valéry: *Méris, aonde leva o teu passo? À cidade?* Observe-se que o vocábulo *passo* vai reaparecer no segundo hemistíquio do penúltimo verso (*apressemos o passo*), marcando a circularidade do diálogo com o retorno ao ponto de partida, o que torna, creio, a écloga mais artisticamente equilibrada, sem nada acrescentar-lhe de estranho.

Buc. IX, 30-36

Ao traduzir este trecho, o primeiro dilema com que me deparei diz respeito ao adjetivo *Cyrneas*, no v. 30, que hesitei em traduzir atualizando, como fez Valéry (*de Corse*), ou mantendo o substrato grego, transliterando, em *de Cirno*, como era denominada pelos gregos a Córsega. Esta segunda opção me pareceu mais coerente com o que venho praticando em casos semelhantes. Outra preocupação que tive e esta, creio, mais consequente para o processo de tradução, foi quanto à ordenação das palavras *poeta, Piérides, vate, pastores*, sendo que consegui mantê-las na mesma posição em que se encontram os vocábulos correspondentes no texto original. Para além de meras palavras, esta sequência encadeia categorias emblemáticas do mundo bucólico, daí que Virgílio as coloca em posição de destaque no verso: *poetam*, no final do v. 32, seguido de *Pierides*, no início do v. 33, que é também o verso central da écloga, e *uatem*, no início do v. 34, e numa leitura vertical, imediatamente abaixo de *Pierides* e horizontalmente vizinho do vocábulo *pastores*, demarcando dois polos, o humano e o divino, que envolvem a atividade poética, já que os pastores árcades são ao mesmo tempo, poetas, artífices do verso, e vates, inspirados pelas Musas.

A tradução de Silva Ramos, que segue abaixo, não participa deste esforço de reatualização formal do texto original e, embora dizendo as mesmas coisas, ela deixa de expressar as nuances que fazem a riqueza de qualquer poesia. Veja, por exemplo, a repetição do vocábulo *poeta* no v. 34, para traduzir *uatem*, que destrói o jogo de contrastes proposto no original. Quanto à disposição da sequência de palavras significativas acima referidas seria pedir muito a Silva Ramos que as respeitasse e as reproduzisse integralmente, não fosse recorrente nele o desejo de reproduzir modos próprios da construção frasal latina, na maioria das vezes com resultados desastrosos, como já apontei:

> Pois aos teixos de Cirno os teus enxames assim fujam!
> De cítiso nutridas, tuas vacas encham o ubre!
> Começa, se tens algo. As Piérides também poeta
> me fizeram: também eu tenho cantos, e os pastores
> me chamam de poeta, porém neles eu não creio;
> meus cantos não são dignos nem de Vário nem de Cina,
> pois eu destoo, ganso em meio a cisnes melodiosos.

O v. 36 de minha tradução (*e grasno como ganso entre cisnes canoros*) fica no meio do caminho entre a poesia de Odorico Mendes (*Ganso, entre quebros olorino, grasno*) e a prosa de João Pedro Mendes (*mas que grasno como um pato entre cisnes canoros*), que justifica a substituição de ganso por pato, por causa da conotação de tolice de que se reveste a palavra pato, quando atribuída ao ser humano.

Buc. IX, 37-43

Destaco este trecho, porque, ao traduzi-lo, me deixei levar pelas suas possibilidades musicais, mais do que pelo apego ao sentido literal, ainda que acredite tê-lo ultrapassado sem que ele tenha deixado de aflorar inteiramente na tradução. No v. 37, ressalto a sequência com sete vogais i, numa perfeita correspondência com o original, além de outras recorrências sonoras, como entre os vocábulos *Lícidas, penso* e *silêncio*. No v. 38, têm-se a aliteração entre *vale* e *vil* e o eco em *lembrança* e *canto*. No v. 39, o par *Galateia* e *galanteias* formam um anagrama quase perfeito. No v. 40 e 41, à sequência *flumina, fundit* e *flores* respondi com *flores, forra* e *franja*; além disso, a ressonância entre *primavera* e *várias* no v. 40 e o par aliterado *alvo álamo* ajudam a recompor o tecido sonoro. No v. 42, têm-se o esquema aliterativo svvs e eco entre *lentas* e *tecendo*. Contrariando a lição de outros tradutores, preferi, seguindo Odorico, traduzir *lentas* por *lentas*, e não por flexíveis ou maleáveis, como fiz eu mesmo outras vezes, por achar que o sema da lentidão torna a imagem mais atraente, realçando a sua dimensão temporal. No v. 43, reconfiguro o desenho do fluxo e refluxo da onda, com uma sequência de sons sibilantes em *deixa/insana/açoite*, intercalada de sons nasais, como uma forma de resposta aos jogos sonoros entre *insani/ sine* e *feriant/fluctus*, do original. Não escapou a Valéry as potencialidades musicais deste trecho, que o leitor poderá cotejar verso a verso, tanto com o original como com a minha tradução e ver que o texto em francês tem o mesmo nível de exigência do texto latino, no que se refere ao extrato sonoro:

> Je cherche, Lycidas, dans ma tête, em silence
> Si je trouve du bon... Voici qui n'est pas vil:
> Viens... Quels ébats prends-tu dans l'onde, ô Galatée?
> Ici, c'est l'eclatant printemps: ici, la terre
> Fleurit au bord des eaux: le pâle peuplier
> Sur la grotte se dresse et la vigne s'y noue.
> Viens!... Laisse les flots fous battre en vain le rivage.

Décima Bucólica

Buc. X, 1-8

O primeiro verso desta écloga é uma invocação à ninfa Aretusa, para que inspire (*concede*) o poeta a escrever o seu último (*extremum*) poema bucólico. Traduzi *concede* por *inspira*, porque assim entende a nossa tradição cultural a intervenção divina no trabalho poético. A posição do v. 1, praticamente isolado do resto, reforça a sua forma lapidar e o seu conteúdo solene, que traduzi, mantendo o mesmo número de palavras e a mesma posição do nome da deusa e o vocábulo *labor*, cujo original *laborem* reverbera em *Lycoris*, no verso seguinte, além de formar com o verbo *legat* (*leia*) uma sequência aliterada, que reproduzi na tradução. No v. 3, reproduzi a repetição *carmina/carmina* com o par *versos/*

versos, dispostos, cada um, em um hemistíquio. Traduzi o v.
4 mantendo o mesmo esquema aliterativo sss, assim como
o v. 8, em que, além de manter o par aliterado *surdis/siluae*
(*surdo/selva*), recriei o tom proverbial da sentença, fazendo
surdo, no final do primeiro hemistíquio, rimar com *tudo*,
no final do segundo, como sucede no original. Os v. 5, 6
e 7 não apresentam aliterações. Vejamos, agora, o mesmo
trecho na versão de Silva Ramos:

> Concede-me, Aretusa, eu faça um derradeiro esforço.
> Devo eu uns poucos versos, que Licóris porém leia,
> a Galo dirigir: quem negará versos a Galo?
> Assim, quando tu corres sob as vagas da Sicília,
> a amarga Dóris não misture a sua onda às tuas!
> Começa: declinemos o agitado amor de Galo,
> enquanto, nariz chato, as cabras mascam tenros brotos.
> Cantamos para surdos? Não, que as matas nos respon-
> dem.

Comecemos pelo v. 1. Aí, onde Virgílio exprime
o seu pensamento em seis palavras, Silva Ramos precisa
acrescentar mais duas (*eu faça*) para encher a sua medida
longa. Perdeu-se também o jogo sonoro *laborem/Lycoris*,
e os esquemas aliterativos estão muito imperfeitamente
reconstituídos. O v. 8 perdeu completamente a sua forma
proverbial, com a perda do par aliterado *surdis/siluae* e da
recorrência sonora. A reconstituição do primeiro hemis-
tíquio sob forma interrogativa, seguido de uma negação,
nem de longe se assemelha à concisão da sentença em latim.
Vejamos a versão de Odorico Mendes e comparemos. O v.
1 foi traduzido, de forma lapidar, com o mesmo número
de vocábulos do original. O *A* inicial se expande em *obrA
finAl* e em *AretusA*. *Poucos*, no v. 2 ressoa em *ouça* no verso

seguinte e a sequência aliterada *Licóris leia* se conclui com o *lhe* no verso 3. Odorico reconfigura o movimento ondulatório do mar, no andamento que imprime aos v. 4, 5 e 6, através das aliterações em ss e principalmente através de recorrências sonoras entre *Sicano assim contigo, onda/anda e entoa, enquanto*. O composto *nari-chato* traduz perfeitamente *simae*, para o qual o português não dispõe de uma palavra única como *camus*, em francês. Vê-se que Silva Ramos, neste ponto, aproveitou, com acerto, a lição de Odorico, pois, apesar de não reproduzir o composto, dá a *nariz chato*, aposto entre vírgulas na sua tradução, o mesmo valor que o termo tem em Odorico. Já o uso do vocábulo *grelos* no mesmo verso, traduzindo *uirgulta*, creio, não merece nenhum reparo, apesar da acepção chula. O mesmo não diria se tal vocábulo fosse usado por Silva Ramos. No v. 8, Odorico Mendes inverte a ordem dos hemistíquios, mas mantém o par aliterado e a concisão da sentença, além do que, *responde* faz eco a *rebanho* do verso anterior.

Buc. X, 28-30

Ao traduzir estes três versos, tive de condensar o conteúdo do v. 28 no primeiro hemistíquio, e antecipar parte do verso seguinte para o segundo hemistíquio do mesmo verso, além de rearranjar os elementos da enumeração de que se compõe o símile. Nesta operação, vali-me de perto da forma como Valéry resolveu o problema, diferindo do mestre francês em alguns detalhes. Segue, abaixo, a tradução de Valéry:

> "Coment guerirais-tu?" dit-il. "L'amour cruel,
> Comme les herbes d'eau, les chèvres de feuillage
> Et l'abeille de fleurs, n'a jamais trop de larmes."

Apesar desta mediação, a minha tradução procurou aproximar-se do original, principalmente no que diz respeito ao aspecto fônico. Por exemplo: no v. 28, o original apresenta o par *ecquis/inquit*, que transpus para o meu texto como *qual/inquire*. Compensei a sequência anafórica de *nec* com uma intensificação das aliterações. Também, reproduzi com fidelidade todos os elementos da enumeração, sem trocar o particular pelo geral como faz Valèry, traduzindo *cytiso* por *fleurs*. Traduzi *fronde* por *capim*, como já fizera no v. 80 da écloga I. A tradução de Odorico Mendes, no que se refere ao v. 28, faz o mesmo tipo de operação, condensando o conteúdo do verso todo em um só hemistíquio e antecipando parte do verso posterior. À diferença de Valéry, Odorico mantém, no restante, a mesma estrutura do original, com o uso da conjunção *nem*, duas vezes.

Silva Ramos, que teria tudo para se dar bem em passagens como esta, onde o tradutor, premido pela necessidade de enquadrar um pensamento tão amplo, expresso de forma econômica no original, não se sai tão bem, apesar da folga de que dispõe ao trabalhar com uma medida longa. O v. 28 está perfeito e integralmente traduzido, porque o tradutor, aqui, não caiu na tentação de dar uma tradução literal dos enunciados, como fez em muitos passos destas éclogas. Mesmo que se possa discordar de sua interpretação, deve-se louvar o fato de que o tradutor buscou antes de tudo o sentido geral da sentença. No entanto, nos v. 28 e 30, a expressão ficou bastante enfraquecida pela ausência de ênfase na negação (são quatro *nec* contra apenas um *não*); além disso, Silva Ramos traduz *lacrimis* por *pranto*, o que desmaterializa a imagem, e também deixa de fora o adjetivo *crudelis*, que qualifica, significativamente, o amor, acrescentando a *águas* o adjetivo *vivas*, que não tem significado algum. Disso resulta que a enumeração perdeu um pouco de seu apelo patético. Vejamos:

"Terás juízo?" – indaga – "O amor não liga a tais lamentos.
De pranto não se farta o amor; o prado, de águas vivas;
de cítisos, a abelha; e de folhagem, as cabritas."

Buc. X, 50-51

Quis, na tradução destes dois versos, captar os traços melódicos do original, com os seus sons duros e ásperos, com destaque para os adjetivos patronímicos *sículo* e *calcídico* que pus no final de cada verso, configurando uma rima, tal como *uersu* e *auena*, no original.

Nem Silva Ramos:

Irei cantando os versos que calcídicos compus,
a modular a frauta de pastor siciliano.

nem Valéry:

Je m'en irai jouer, pâtre sicilien,
Sur ma flûte des air de style chalcidique.

atentaram para o aspecto fônico destes versos e produziram deles traduções às quais parece faltar o ritmo que lhes confere dignidade poética. Procurei dar a eles uma forma emblemática, porque, entre outros motivos, eles são a explicitação de uma operação poética que sustenta a Bucólica décima, ou seja, a apropriação da elegia pela poesia bucólica de matriz teocritiana. Traduzi-los sem realce seria negar-lhes o estatuto semiótico, que Virgílio lhes conferiu em sua ordenação original.

Buc. X, 75-78

Nestes três versos com que termina a écloga décima
e todo o livro, o poeta encena o próprio adeus ao mundo
bucólico que ele construiu, um mundo feito de palavra e
música, agora interditado pela sombra da noite. O silên-
cio do poeta equivale à própria noite, assim como o seu
canto e o do amigo se equiparam às atividades agrícolas
e pastoris e devem suceder-se durante o dia. Em minha
tradução, procurei captar esta atmosfera de magia, em que
as palavras se repetem, como se fossem um puro som de
natureza encantatória, querendo livrar-se de uma alguma
potência maléfica. Como se pode ver, mantive a sequência
aliterada ss do v. 75 e criei outra (ff) no verso seguinte, que
compensam a repetição *umbral umbrae*. O verso final, eu
poderia ter traduzido assim: *Fartas, ide ao curral, Vésper
veio, ide, cabras,* ficando mais de acordo do ponto de vista
da forma externa do original. Penso, no entanto, que a
forma escolhida supera esta, porque, apesar de não repetir
a forma verbal imperativa *ide*, do ponto de visto fônico,
ela reitera os três is que aparecem no original em *ite, uenit*
e *ite*, através dos vocábulos *cabritas, ide e brilha*. Mais do
que uma sequência de sons melodiosos, esta sequência
de is compõe uma sugestiva imagem visual. O poeta não
se limita a anunciar o aparecimento de Vésper; ela a faz
cintilar no meio das palavras com que a anuncia. Vejamos
a tradução de Odorico Mendes: pode-se ver como o tradu-
tor está atento aos efeitos fônicos do verso: primeiro, ele
manteve a aliteração em ss, no v. 75, e a expandiu para o
verso seguinte. Destaca-se também, no v. 76, a sequência
de sons nasais em *zimbro, sombra* e *acanha*. A tradução
do último verso é homóloga ao original e resulta de uma

atenção cerrada aos detalhes do texto em latim, como revela a nota que redigiu sobre este verso.

Ao contrário, Silva Ramos, como tradutor, dá pouca atenção para aqueles elementos que fazem um poema ser um poema e não um texto em prosa. Parece que a única preocupação de Silva Ramos é a de colocar o texto dentro do esquema métrico, o que não é suficiente para transformá-lo em poesia. Na época clássica, era costume publicar tratados de medicina, filosofia ou de outra atividade qualquer, em versos; mas, nem por isso, esses textos eram considerados poesia. Vejamos a versão de Silva Ramos:

> Ergamo-nos: a sombra amiúde é má para os cantores;
> má é a sombra do zimbro; as sombras fazem mal às messes.
> Vésper desponta: ide saciadas, cabras, para o estábulo.

O último verso, tão cheio de sugestões sonoras e visuais no original, perde, nesta versão de Silva Ramos, todas as suas nuances de claro-escuro, para não dizer todo o seu colorido, pois o tradutor não tira nenhum efeito sonoro das palavras que usa. Além disso, só mesmo forçando muito a prosódia, para contar somente catorze sílabas neste verso. Para finalizar, analisemos a versão de Valéry:

> Debout!... Chanter à l'ombre est chose assez malsaine
> Et du genévrier, l'ombre est funeste aux fruits.
> Rentrez, voici Vesper, rentrez, chèvres repues.

Observem-se, no v. 75, os pares aliterados *chanter/ chose*, e, no v. 76, *funeste/fruits*. O verso final é construído totalmente como uma sequência aliterada (rvvrr), e mesmo a única palavra que foge ao esquema, *chèvre*, é uma retomada do par aliterado do v. 75. Dentro deste sistema de ecos, o adjetivo *repues* rima com *fruits* do verso anterior.

O signo à deriva

Retomando a ideia da traduzibilidade como fundamento e forma de existência plena do signo poético, cuja principal característica é a mutabilidade e multiplicidade de sentidos num processo de semiose contínua e infinita, procurei refletir sobre a operação tradutora, lugar privilegiado para flagrar o movimento constante de ressignização da palavra poética. Para que esta operação tradutora realize suas potencialidades é preciso que ela seja proposta, semioticamente, como operação de mesmo nível e rigor da operação poética fundadora do texto original, entendendo a tradução de poesia como passagem de uma língua poética para outra língua poética (SANSONE, 1991, p. 13).

Para Jakobson, o texto poético é caracterizado por uma disposição rítmica, por uma seleção e combinação de palavras, numa sequência dominada pelo princípio de equivalência, ou seja, por uma relação semântica e fônica dos signos (LORENZO, 1988, p. 5). Ocorre, na tradução de poesia, um fenômeno bastante comum, que Efim Etkind (1989, p. 23) chama de *desfuncionalização*, ou seja, quando o tradutor priva o texto traduzido dos efeitos produzidos pelo original (um epigrama que não surpreende, nem provoca o riso, um canto que não soa melodioso, etc.). Para que tal fenômeno não se repita é preciso que o tradutor opere como poeta. Aliás, em sua origem, o termo *poeta* designava tanto o poeta quanto o tradutor. Traduzir se constituía, para os Romanos, verdadeiramente num gênero literário e numa arte, dos quais eles foram os inventores e aos quais propuseram regras e métodos. "Aos olhos de um Romano, uma tradução é uma obra original que merece tanta consideração quanto um texto inteiramente novo" (ROCHETTE, 1995, p. 25l).

Ainda que não entremos na discussão sobre o conceito e a prática da tradução na Antiguidade latina, que mais se aproximava da adaptação livre ou da imitação do que da concepção de tradução que estamos propondo, eles nos ajudam a pensar a autonomia desta arte e do objeto que dela resulta; autonomia que se perde quando se pratica a *desfuncionalização* textual na tradução entendida como transporte de significados idênticos de uma língua para outra. A reflexão e a prática textual dos antigos romanos corroboram a concepção moderna de intertextualidade, segundo a qual, na formulação de Kristeva, "um texto se constrói como um mosaico de citações e todo texto é absorção e transformação de um outro texto" (MATTIOLI, 1991, p. 5). A autonomia do texto traduzido em relação ao original pode ser pensada no contexto proposto por este conceito, entendendo a tradução literária como uma "forma particularmente intensa e problemática de relação intertextual", pois "a tradução é também absorção e transformação de um outro texto" (MATTIOLI, 1989, p. 6-5).

Neste sentido, a forma como Valéry entende a relação entre original e tradução retira do ato tradutivo toda rigidez, afasta toda ideia de cópia ou espelhamento, dotando-o de autonomia, porque o propõe como uma relação *poética*, uma relação entre duas poéticas, dois momentos construtivos e dois processos, não entre dois resultados definitivos e estanques (MATTIOLI, 1989, p. 11). O seu ensaio *Variations sur les Bucoliques* impõe-se, não só como uma reflexão sobre a tradução, mas como o supremo contributo do poeta para o esclarecimento de sua poética, porque, para Valéry, não há diferença substancial entre poética da tradução e poética da criação (LOMBARDO, 1990, p. 36).

Valéry distingue em um poema duas classes de versos: os que vêm dados ao poeta e aqueles que este deve calcular, como se tratasse de uma operação matemática, numa meditada luta com as palavras e as exigências formais da composição. Dessa forma, o ponto de partida do tradutor, seguindo esta terminologia aritmética, pressupõe a tarefa de converter o poema dado em uma premissa completa de um novo cálculo. Traduzir é, portanto, calcular (AMUSCO, 1989, p. 261); ou, na precisa formulação de Wittgenstein, "a tradução de um poema lírico, numa língua estrangeira, é bem análoga a um problema matemático" (*apud* SANTAELLA, 1992, p. 15). Partindo destes pressupostos, procurei, como poeta-leitor-tradutor das *Bucólicas* de Virgílio e de suas traduções, resolver, num novo lance de dados, as equações verbais, os jogos paronomásticos e anagramáticos, as unidades sintáticas e rítmicas do original. Quem me acompanhar nesta travessia de um texto a outro verá como me empenhei em manter o tecido sonoro, preservando os intrincados e variados esquemas aliterativos, num processo de múltiplas ressonâncias auditivas e visuais. A aliteração é um processo generalizado e característico da poesia latina. Virgílio, com sensibilidade e equilíbrio, elevou esse procedimento, em suas *Bucólicas*, a requintes inimagináveis.

Comentando a tradução de Pierre Klossowski da *Eneida*, Foucault (1964, p. 21-22) observa que a frase latina pode obedecer simultaneamente a dois princípios, o da sintaxe que as declinações tornam sensível, e um outro puramente plástico que revela uma ordenação de palavras sempre livre, mas nunca gratuito. É interesse ver como essa ideia de plasticidade se casa com a ideia herdada dos retóricos de que a *collocatio verborum* tinha como finalidade principal o seu efeito fônico e musical (LORENZO, 1988, p. 7). Foucault fala, referindo ao empreendimento de Klossowisk, em *tradução vertical*, para qualificar o esforço do tradutor em levar para o francês a plasticidade do signo poético virgiliano. Ainda que eu não possa comparar a experiência radical de Klossowski com a minha, deixo consignado ao leitor, para que ele avalie que, ao optar, em muitos passos da minha tradução, por inversões ou por uma ordenação pouco usual em nossa língua, eu estava imbuído de idênticos princípios, a plasticidade e a musicalidade do verso.

Creio que, como tradutor-poeta de língua portuguesa, pude fazer isso, como muito menos estranhamento do que Valéry e Klossowsk manipulando o francês, cristalizado por uma sintaxe rigorosa. Neste ponto, a lição pioneira de Odorico Mendes foi providencial. Porém, não me contentaria uma atitude regressiva que me levasse a um registro mais clássico da língua. À efusão lírica dos pastores de Virgílio, contrapus, dialeticamente, a melodia áspera da poesia brasileira moderna. Operei sobre o alexandrino clássico, mas traduzi os sortilégios e os sobressaltos da poesia de Virgílio com uma linguagem que pudesse lembrar, talvez, os poemas de Raul Bopp.

Henry Meschonnic (1982), criticando as noções tradicionais de ritmo como repetição e regularidade e sua confusão com a noção de metro, veicu ada pelos dicionários e manuais de metrificação, informa-nos que o ritmo poético, diferentemente do ritmo musical, com quem só pode guardar relações analógicas, não deve ser confundido com metro, medida. Para ele o metro é algo da ordem da convenção, da língua, enquanto o ritmo é da ordem do discurso. É no ritmo que se instala o sujeito do discurso poético. É o ritmo que possibilita a recepção do leitor. É também através do ritmo que o sentido se instaura em sua multiplicidade. Se o ritmo é uma atividade do sujeito e uma organização do sentido no discurso, ele é, necessariamente, uma organização ou configuração do sujeito no discurso. A distinção proposta por Meschonnic, mesmo incorrendo na possibilidade de desmaterialização da ideia de ritmo, tem a vantagem de resgatar o valor semiótico do termo. Para uma poética empenhada na autonomia do ato criador, tanto do original quanto da tradução, o sujeito, longe de qualquer caracterização psicológica, se inscreve no corpo do signo, como figura rítmica, fragmentos de vozes múltiplas, performando a unidade e a totalidade utópica do canto.

Na tradução, entendida como processo e experimentação, o lugar do sujeito está ocupado tanto pelo tradutor como pelo leitor, funções intercambiáveis, passíveis de serem exercidas por um único sujeito histórico. Na tradução poética, o leitor não se encontra na margem oposta ao tradutor, esperando passivamente a recepção de um objeto que a distância lhe dificulta o acesso. Os textos, sejam eles poemas originais ou traduções destes poemas, é que estão à espera do leitor/tradutor, para levá-lo a uma terceira margem: um reino de errâncias de signos à deriva, como num rio, heraclitianamente proposto, sempre renovado, em seu devir infinito.

Referências

1. Edições das *Bucólicas*

MENDES, João Pedro. *Construção e arte das Bucólicas de Virgílio*. Brasília: UnB/INL, 1985.

MENDES, Odorico. *Virgílio Brasileiro*. Edição bilíngue. Paris: W. Remquet, 1858.

VALÉRY, Paul. Traduction en vers de Bucoliques de Virgile precedéé de variations sur Les Bucoliques. In: *Oeuvres*. Paris: Gallimard, l957. t. I. (Coleção Pléiade).

VIRGILE. *Bucoliques*. Texte établi et traduit par E. de Saint-Denis. Paris: Belles Lettres, 1987.

VIRGILE. *Oeuvres*. Texte latin avec introduction et notes critiques par F. Plessis et P. Lejay. Paris: Hachette, 1918.

VIRGILIO. *Bucoliche*. Introduzione di Antonio La Penna, traduzione di Luca Canali, premessa al di Sergio Pennacchietti, testo latino a fronte. Milano: BUR, 1990.

VIRGILIO. *Bucólicas/Geórgicas*. Introducción, notas y traducción de Bartolomé Segura Ramos. Madrid: Alianza, 1981.

VIRGÍLIO. *Bucólicas*. Tradução de Péricles Eugênio da Silva Ramos. São Paulo: UnB/Melhoramentos, 1982.

2. Livros e artigos sobre as *Bucólicas*

BOYANCÉ, Pierre. Le sens cosmique de Virgile. *Revue des Études Latines*, v. 32, p. 220-249, 1955.

BÜCHNER, Karl. *Virgili: il poeta dei romani*. Traduzione di Elisabetta Riganti. Brescia: Paideia, 1986.

CONTE, Gian B. Lettura della decima bucolica. In: GIGANTE, Marcello (Org.). *Lecturae vergilianae: Le Bucoliche*. Nápoles: Giannini, 1988.

D'ANNA, Giovanni. Le "Bucoliche" virgiliane. *Cultura e Scuola*, Roma, n. 31, 1969.

DEREMETZ, Alain. Le *carmen deductum* ou le fil du poème: à propos de Virgile, *buc*. VI. *Latomus*, v. 46, p. 762-777, 1987.

DOVER, Kenneth J. *A homossexualidade na Grécia Antiga*. Tradução de Luis Sérgio Krausz. São Paulo: Nova Alexandria, 1994.

FEDELI, Paolo. Sulla prima Bucolica di Virgilio. *Giornale Italiano di Filologia*, v. 24, p. 273-300, 1972.

FREDRICKSMEYER, Ernest. Octavian and the unity of Virgil's first eclogue. *Hermes*, v. 94, p. 208-218, 1969.

GEYMONAT, Mario. Lettura della segunda bucolica. In: GIGANTE, Marcello (Org.). *Lecturae vergilianae: Le Bucoliche*. Nápoles: Giannini, 1988.

GRIMAL, Pierre. *Le lyrisme à Rome*. Paris: PUF, 1978.

GRIMAL, Pierre. *Virgile ou la seconde naissance de Rome*. Paris: Arthaud, 1985.

LA PENNA, Antonio. La seconda ecloga e la poesia bucólica di Virgilio. *Maia*, v. 15, p. 484-92, 1963.

LA PENNA, Antonio. Lettura della Terza Bucolica. In: GIGANTE, Marcello (Org.). *Lecturae vergilianae: Le Bucoliche*. Nápoles: Giannini, 1988.

LEACH, Eleanor Winsor. The unity of eclogue 6. *Latomus*, v. 27, p. 13-32, 1968.

LIEBERG, Godo. Virgile et l'idée de poete créateur dans l'Antiquité. *Latomus*, n. 41, p. 255-84, 1982.

LIEBERG, Godo. Lettura della sesta bucolica. In: GIGANTE, Marcello (Org.). *Lecturae vergilianae: Le Bucoliche*. Nápoles: Giannini, 1988.

LORENZO, Enrico di. *Strutture allitterative nelle ecloghe di Virgilio e Nei bucolici latini minori*. Nápoles: Arte Tipografica, 1988.

MAROUZEAU, Jules. Répétitions et hantises verbales chez Virgile. *Revue des Études Latines*, v. 9, p. 237-57, 1931.

MICHENAUD, Gustave. Les sons du vers virgilien. *Les Études Classiques*, n. 31,1953.

NIELSEN, Rosemary. Virgil: eclogue I. *Latomus*, v. 31, p. 154-60, 1972.

PERRET, Jacques. Dafnis pâtre et héros: perspectives sur um âge d'or. *Revue des Études Latines*, v. 60, p. 216-33, 1982.

RONCONI, Alessandro. Lettura della nona bucolica. In: GIGANTE, Marcello (Org.). *Lecturae vergilianae: Le Bucoliche*. Nápoles: Giannini, 1988.

ROSSI, Luigi Enrico. Vittoria e sconfitta nell'agone bucólico letterario. *Giornale Italiano di filologia*, n. 23, p. 11-24, 1971.

RUEDAS DE LA SERNA, J. A. *Arcádia: tradição e mudança*. São Paulo: Edusp, 1995.

SAINT-DENIS, E. de. Les variations de Paul Valéry sur les *Bucoliques* de Virgile. *Revue de Philologie*, v. 32, p. 67-69, 1958.

SAINT-DENIS, E. de. Sur une traduction inédite em alexandrins rimés de la deuxième églogue virgilienne. *Revue des Études Latines*, v. 1, 41, p. 230-245, 1963.

SCHMIDT, Ernst A. Poesia e politica nella nona egloga di Virgilio. *Maia*, v. 24, p. 99-119, 1972.

SCHMIDT, Ernst A. La più antica égloga di Virgilio. *Atti Del Convegno mondiale scientifico di studi su Virgilio*, Milão, v. 1, p. 66-75, 1984.

SNELL, Bruno. *A descoberta do Espírito*. Tradução de Artur Mourão. Lisboa: Edições 70, 1992.

STÉGEN, G. La composition de la dixième Bucolique de Virgile. *Latomus*, v. 12, p. 70-76, 1953.

TANDOI, Vincenzo. Lettura dell'ottava bucolica. In: GIGANTE, Marcello (Org.). *Lecturae vergilianae: Le Bucoliche*. Nápoles: Giannini, 1988.

WALTZ, René. Sur la 4me. Bucolique de Virgile. *Les Études Classiques*, v. 26, p. 3-20, 1958.

3. Estudos sobre tradução e outros temas

AMUSCO, Alejandro. La muralha oblicua (poesia y traducción). In: BUFFONI, Franco (Org.). *La traduzione del testo poetico*. Milão: Guerini, 1989. p. 261-3.

APEL, Friedmar. Il movimento del linguagio. Traduzione di Paolo Bernardini. *Testo a fronte*, n. 5-6, p. 15-34, 5-30, 1991/1992.

BENJAMIN, Walter. A tarefa do tradutor. Tradução de Karlheinz Barck. *Cadernos do Mestrado*, Rio de Janeiro, UERJ, n. 1, 1992.

BERMAN, Antoine. La traduction et la lettre ou l'auberge du lointain. In: *Les tours de Babel*. Mauvezin: Trans-Europ-Repress, 1985.

BERMAN, Antoine. Tradition – Translation – Traduction. *Po&sie*, Paris, n. 47, p. 85-98, dez. 1988.

BRUNI, Leonardo. Tradurre corretamente. Traduzione di Constantino Marmo. In: NERGAARD, Siri (Org.). *Teorie contemporanee della traduzione*. Milão: Bompiani, 1995. p. 73-97.

BURKERT, Walter. *Religião grega na época clássica e arcaica*. Tradução de M. J. Simões Loureiro. Lisboa: Fundação Calouste Gulbenkian, 1993.

CAMPBELL, Joseph. *O herói de mil faces*. Tradução de Adail Ubirajara Sobral. São Paulo: Cultrix; Pensamento, 1993.

CAMPOS, Haroldo de. Da tradução como criação e como crítica. In: *Metalinguagem & outras metas*. São Paulo: Perspectiva, 1992. p. 31-48.

CAMPOS, Haroldo de. Valéry e a poética da tradução. *Folha de S.Paulo*, São Paulo, 27 jan. 1985. Folhetim.

CAMPOS, Haroldo de. Da transcriação: poética e semiótica da operação tradutora. *Cadernos PUC*, São Paulo, l987.

CAMPOS, Haroldo de. Odorico Mendes: o patriarca da transcriação. In: MENDES, Odorico. *Odisseia*. São Paulo: EDUSP/Ars Poetica, l992. p. 9-l4.

CAMPOS, Haroldo de. A *língua pura* na teoria da tradução de Walter Benjamin. *Revista USP*, n. 33, p. 160-170, mar./maio 1997.

COSERIU, Eugenio. Vives e o problema da tradução. In: *Tradição e novidade na ciência da linguagem*. Tradução de Carlos Alberto da Fonseca e Mário Ferreira. Rio de Janeiro: Presença, 1980. p. 95- 113.

DETIENNE, Marcel. *Os mestres da verdade na Grécia Arcaica*. Tradução de Andréa Daher. Rio de Janeiro: Zahar, 1988.

DOVER, Kenneth J. *A homossexualidade na Grécia Antiga*. Tradução de Luis Sérgio Krausz. São Paulo: Nova Alexandria, 1994.

ELIADE, Mircea. *História das crenças e das ideias religiosas*. Tradução de Roberto Cortes de Lacerda. Rio de Janeiro: Zahar, l975. tomo II, v. 2.

ELIADE, Mircea. *História das crenças e das ideias religiosas*. Tradução de Roberto Cortes de Lacerda. Rio de Janeiro: Zahar, 1983. tomo I, v. 1.

ETKIND, Efim. Un'arte in crisi: saggio di poética della traduzione poetica. Tradução de Fabio Scotto. *Testo a fronte*, n. 1, p. 23-73, 1989.

FOLENA, Gianfranco. *Volgarizzare e tradurre*. Turim: Einaudi, 1991.

FOUCAULT, Michel. Les mots qui saignent. *L'Exprès*, n. 688, p. 21-22, 29 ago. 1964.

FRAZER, James G. *La rama dorada*. Tradução de Elizabeth e Tadeo I. Campuzano. México: Fondo de Cultura Económica, 1994.

GRAVES, Robert. *Os mitos Gregos*. Tradução de Fernanda Branco. Lisboa: Dom Quixote, 1990. v. 1.

HAFEZ, Rogério. A "poesia pura" e a música em Valéry e Mallarmé. *Revista USP*, n. 13, p. 118-124, mar./maio 1992.

ISER, Wolfgang. *O fictício e o imaginário*. Rio de Janeiro: Ed. da UERJ, 1996.

JAKOBSON, Roman. *Linguística e comunicação*. Tradução de Izidoro Blikstein e José Paulo Paes. São Paulo: Cultrix, 1977.

JAKOBSON, Roman; POMORSKA, Krystyna. *Dialogues*. Traduction de Mary Fretz. Paris: Flammarion, 1980.

LAVIERI, Antonio. Paul Valéry: por un'idea cosmogonica della traduzione. *Testo a fronte*, n. 12, p. 43-54, 1995.

LÉVI-STRAUSS, Claude. *A oleira ciumenta*. Tradução de Beatriz Perrone-Moisés. São Paulo: Brasiliense, 1986.

LÉVI-STRAUSS, Claude. *Mito e significado*. Tradução de António M. Bessa. Lisboa: Edições 70, 1989.

LÉVI-STRAUSS, Claude. *O pensamento selvagem*. Tradução de Tânia Pellegrini. Campinas: Papirus, 1989b.

LOMBARDO, Giovanni. Valéry traduttore di Vergilio. *Testo a fronte*, Milão, n. 3, p. 33-46, 1990.

LOMBARDO, Giovanni. Paul Valéry, Opere poetiche. *Testo a fronte*, Milão, n. 3, p. 180-183, 1990.

LOTMAN, Jurij M. *La semiosfera*. Traduzione di Simonetta Salvestroni. Veneza: Marsilio, 1992.

MATTIOLI, Emilio. La Traduzione letteraria. *Testo a fronte*, n. 1, p. 7-22, 1989.

MATTIOLI, Emilio. La traduzione di poesia come problema teorico. In: BUFFONI, Franco (Org.). *La traduzione del testo poetico*. Milão: Guerini, 1989. p. 29-39.

MATTIOLI, Emilio. Giovanni Lombardo, 1989: estetica della traduzione. *Testo a fronte*, n. 2, p. 188-94, 1990.

MATTIOLI, Emilio. Intertestualitá e traduzione. *Testo a fronte*, n. 5, p. 5-13, 1991.

MATTIOLI, Emilio. Le tipologie differenziate de Vives. *Testo a fronte*, n. 12, p. 133-135, 1995.

MESCHONNIC, Henri. Propostas para uma poética da tradução. In: LADMIRAL, Jean-René. *A tradução e os seus problemas*. Tradução de Luisa Azuaga. Lisboa: Edição 70, 1980.

MESCHONNIC, Henri. *Critique du rythme*. Paris: Verdier, 1982.

MIELIETINSKI, Eleazar M. *A poética do mito*. Tradução de Paulo Bezerra. Rio de Janeiro: Forense, 1987.

MILTON, John. *O poder da tradução*. São Paulo: Ars Poetica, 1993.

NERGAARD, Siri (Org.). *La teoria della traduzione nella storia*. Milão: Bompiani, 1993.

PANOFSKY, Erwin. *Significado nas artes visuais*. Tradução de Maria Clara Kneese e J. Guinsburg. São Paulo: Perspectiva, 1979.

PAZ, Octavio. *El arco y la lira*. México: Fondo de Cultura Economica,1990.

PAZ, Octavio. *Claude Lévi-Strauss ou o novo festim de Esopo*. Tradução de Sebastião Uchoa Leite. São Paulo: Elos, 1993.

PEIRCE, Charles S. *Semiótica*. Tradução de José Teixeira Coelho Neto. São Paulo: Perspectiva, 1990.

PROPP, Vladimir. *Édipo à luz do folclore*. Tradução de António da Silva Lopes. Lisboa: Vega, [s.d.].

ROCHETTE, Bruno. De grec au latin et du latin au grec: les problèmes de la traduction dans l'antiguité gréco-latine. *Latomus*, Bruxelle, t. 2, fasc. 2, s, p. 245-61, abr./jun., 1995.

RODRIGUES, Antonio Medina. Prefácio. In: MENDES, Odorico. *Odisseia*. São Paulo: Edusp/Ars Poetica, l992. p. 21-54.

RUEDAS DE LA SERNA, J. A. *Arcádia: tradição e mudança*. São Paulo: Edusp, 1995.

SALSANO, Roberto. *Nota su mito e letteratura*. Roma: Istituto della Enciclopedia Italiana, 1993. (Série Cultura e Scola, n. 127).

SANSONE, Giuseppe E. *I luoghi del tradurre*. Milão: Guerini e Associati, 1991.

SANTAELLA, Lúcia. *A assinatura das coisas*. Rio de Janeiro: Imago, 1992.

SISSA, Giulia; DETIENNE, Marcel. *Os deuses gregos*. Tradução de Rosa Maria Boaventura. São Paulo: Companhia das Letras, 1990.

STEINER, George. *Dopo Babel*. Traduzione di Ruggero Bianchi e Claude Béguin. Roma: Garzanti, 1995.

TORRANO, Jaa. *O mundo como função das musas*. In: HESÍODO. *Teogonia: a origem dos deuses*. São Paulo: Iluminuras, 1992.

TRINGALI, Dante. *O orfismo*. In: CARVALHO, S. (Org.). *Orfeu, orfismo e viagens a mundos paralelos*. São Paulo: UNESP, 1990.

VALÉRY, Paul. *Oeuvres*. Paris: Gallimard, 1957. v. I.

VALÉRY, Paul. *Variedades*. Tradução de Maíza Martins de Siqueira. São Paulo: Iluminuras, 1991.

VALÉRY, Paul. *Ego scriptor et petits poems abstraits*. Paris: Gallimard, 1992.

VEYNE, Paul. *A elegia erótica romana*. Tradução de Milton Meira do Nascimento e Maria das Graças S. Nascimento. São Paulo: Brasiliense, 1985.

VIVES, Juan Luis. Versioni o interpretazioni. Tradução de Emilio Mattioli. *Testo a fronte*, n. 12, p. 127-32, 1995.

Sobre o tradutor

Raimundo Carvalho (Pirapora-MG, 1958), graduou-se em Português/Latim pela UFMG. É autor de *Conversa com o Ciclope* (poemas), *Circo Universal* (Dimensão, 2000). Premiado pela FNLIJ como "melhor livro informativo para criança" do ano), e *Murilo Mendes: o olhar vertical* (Edufes). É professor de Língua e Literatura Latina, desde 1993, na UFES. Pela Autêntica, na Coleção Clássica, coorganizou a antologia *Poesia homoerótica latina* e *Metamorfoses*, de Ovídio.

Páginas 2/3
Gravura de Michael van der Gucht
© Babel HathiThrust via Wikimedia Commons

Páginas 20/21
Gravura de Louis Fabritius Dubourg
© Rijksmuseum via Wikimedia Commons

Páginas 222/223
Gravura de Louis Fabritius Dubourg
© Rijksmuseum via Wikimedia Commons

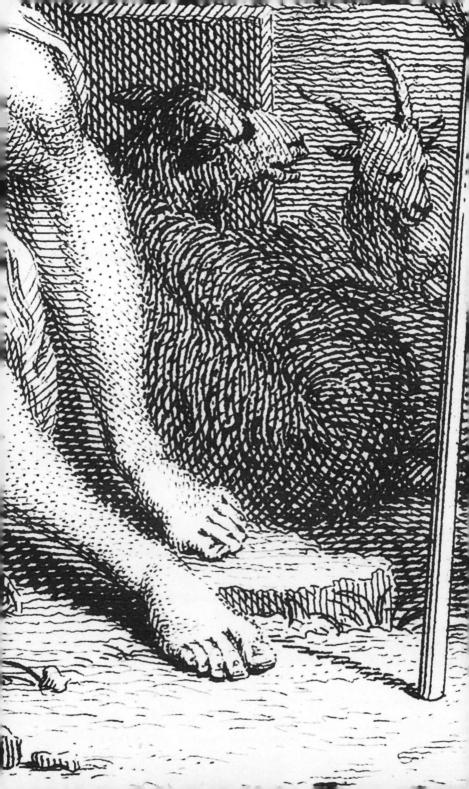

Esta edição das *Bucólicas* de Virgílio,
em tradução de Raimundo Carvalho,
foi impressa para a Autêntica Editora
nas oficinas da Gráfica Santa Marta em junho de 2024,
no ano em que se celebram:

2126 anos de Júlio César (102-44 a.C.);
2108 anos de Catulo (84-54 a.C.);
2094 anos de Virgílio (70-19 a.C.);
2089 anos de Horácio (65-8 a.C.);
2074 anos de Propércio (c. 50 a.C.-16 a.C.);
2067 anos de Ovídio (43 a.C.-18 d.C.);
2010 anos da morte de Augusto (14 d.C.);
1968 anos de Tácito (56-114 d.C.);
1959 anos do *Satyricon*, de Petrônio (c. 65 d.C.);
1625 anos das *Confissões*, de Agostinho (399 d.C.),
e
27 anos da fundação da Autêntica (1997).

O papel do miolo é Off-White 80g/m² e o da capa é Supremo 250g/m².
A tipologia é Adobe Garamond.